AF347203

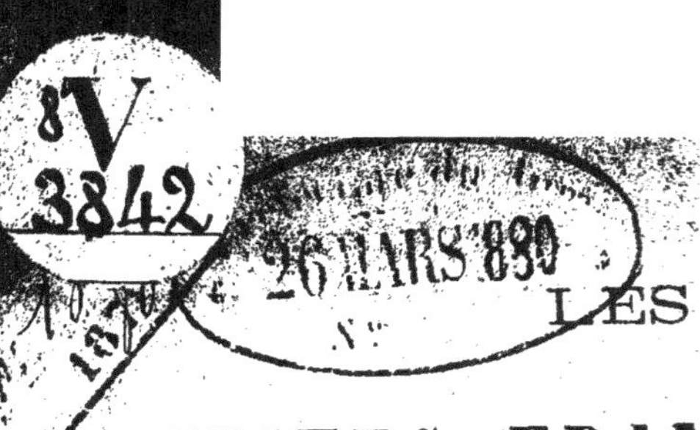

# LES
# ARTISTES FRANC-COMTOIS

## AU
## SALON DE 1879

PAR

**Bernard PROST**

POLIGNY

IMPRIMERIE ET LITHOGRAPHIE ABRIOT ET BERNARD

—

1879

# LES

# ARTISTES FRANC-COMTOIS

## AU

## SALON DE 1879

PAR

**Bernard PROST**

POLIGNY

IMPRIMERIE ET LITHOGRAPHIE ABRIOT ET BERNARD

1879

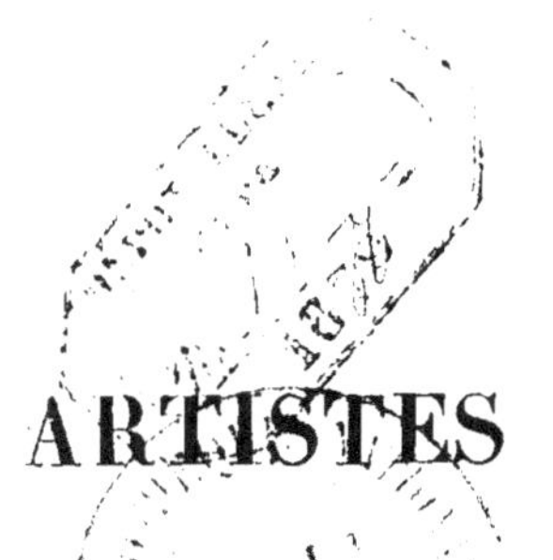

LES

# ARTISTES FRANC-COMTOIS

AU

## SALON DE 1879

Cette année-ci, comme d'habitude, la Franche-Comté a été dignement représentée au Salon. Elle peut être fière de revendiquer, parmi les exposants au Palais de l'Industrie, des peintres tels que MM. Gigoux, Giacomotti, Machard, Tony Faivre, Courtois, Lobrichon, Lançon, Japy, Rapin, Robinet, Vernier, Pointelin, Ordinaire, Isenbart, Fanart, Demesmay, Bavoux, Boudot, etc.; des statuaires tels que MM. Clésinger, Gauthier, Iselin, Perrey, Becquet, Chambard, Max Claudet, Lançon, etc. Notre chère province a fourni là un brillant contingent; il eût été plus brillant encore sans l'abstention d'un grand nombre d'artistes franc-comtois — quelques-uns même des meilleurs : — M. Gérôme, le tout premier, que le succès, d'ailleurs si mérité, de son magnifique groupe de *Gladiateurs,* de l'Exposition universelle de 1878, encourage à faire, pour le Salon prochain, une nouvelle excursion dans la sculpture; M. H. Baron, depuis longtemps hors concours; M<sup>me</sup> Escallier, émule toujours redoutable et parfois victorieuse des peintres de fleurs les plus fameux; M. Faustin Besson, le descendant direct de Boucher, l'auteur de cent galants plafonds, de cent gracieux panneaux décoratifs, qui continue, je ne sais trop pourquoi, à bouder le public parisien; M. Chartran, grand prix de Rome en 1877, dont l'envoi de cette année, *La joueuse de mandore*, annonce déjà un maître; M. G. Brun, qui peut-être n'a pas encore dit son dernier mot avec *Le propriétaire et son fermier*, *L'électeur et le candidat*, *Le porteur de contraintes* et *La vente par autorité de justice;* MM. Lunteschutz, Mayer, Baille, Henry de Gray, Donzel, Erpikum, Jeanniot, Paget, Chapuis, Marquiset, Cousturier, Roux, Pétua, Plantet, Porteret, de Beaujeu, de Villers et bien d'autres peintres de talent; parmi les sculpteurs, MM. Petit, Laurent, Lippmann, Lefranc, et surtout le vétéran franc-comtois de la grande statuaire, M. Soitoux, qu'une cruelle maladie condamne depuis dix ans à l'inaction, mais dont la belle *République* (1), exposée l'année dernière au Trocadéro, sera prochainement placée sur le quai Conti, devant la façade de l'Institut; M. Grenier, si habile à composer d'admirables aquarelles; MM. Coindre, de Dananche et M^lle Niel, qui excellent à faire valoir toutes les ressources de l'eau-forte ; M. Félizat, à la fois peintre, dessinateur et aqua-fortiste, médaillé à toutes les expositions artistiques de Besançon, Dijon, Lons-le-Saunier, Vesoul, etc., et, malgré cela, hésitant jusqu'à ce jour — en incorrigible provincial — à aborder une plus vaste scène, alors qu'une seule de ses cinquante ou soixante eaux-fortes, publiée dans l'*Art* ou envoyée au Salon, suffirait à le classer d'emblée parmi les aqua-fortistes le plus en renom. Je ne prolonge pas cette liste, déjà longue, d'absents provisoires, qu'on retrouvera de temps à autre, espérons-le, au rendez-vous annuel des Champs-Élysées. Mais il est deux autres absents à qui, malheureusement, il faut dire un éternel adieu : Perraud et Courbet. Ceux-là ne sont plus, et pour eux la postérité commence. Plus équitable que notre époque, elle leur assignera, à coup sûr, le premier rang parmi les maîtres de l'art contemporain. J'essaierai ailleurs d'étudier ces deux imposantes personnalités; qu'il me suffise

(1) Cette statue a remporté, en 1848, le prix d'un concours auquel prirent part les principaux sculpteurs du temps; c'est seulement l'an dernier que, grâce à l'intervention du Conseil municipal de Paris, elle est enfin sortie du dépôt des marbres de l'État, où l'avait confinée jusqu'alors le mauvais vouloir ou l'incurie des précédentes administrations.

aujourd'hui de déplorer leur perte et de regretter le vide qu'elle laisse dans la pléiade des peintres et des sculpteurs franc-comtois. Je ne sortirai pas non plus de mon sujet pour entreprendre, à propos du Salon, des dissertations à perte de vue sur le progrès ou la décadence de l'art moderne ; j'abandonne ce soin aux esthéticiens de profession, aux salonniers brevetés qui aiment à formuler d'un ton dogmatique leurs théories transcendantes et leurs appréciations contradictoires. Il ne me serait pas permis, du reste, d'atteindre à cette hauteur de critique : mes moyens sont plus bornés et ma compétence plus restreinte. Aussi, en rédigeant ces notes, n'ai-je aucune prétention au doctrinarisme et à l'infaillibilité. Ce sont de simples *impressions*. En appellera qui voudra. Toute mon ambition est qu'on veuille bien leur reconnaître, à défaut d'autre mérite, celui de la sincérité.

## I.

### PEINTURE.

MM. Gigoux, Giacomotti, Machard, Tony Faivre, Lobrichon, Courtois, Lançon, Mouchot, Billot, Bassot, Bouillon, Mareschal, Denis, Mlles Guillaume et Méa.

M. Gigoux (1) n'en est plus à faire ses preuves. Entre autres œuvres importantes, on doit à ce doyen des artistes de la Franche-Comté, en dehors des illustrations de *Gil-Blas*, — un des premiers et des plus remarquables modèles du genre, — *La mort de Léonard de Vinci* (musée de Besançon), *La mort de Cléopâtre*, *Le portrait de Fourier* (un des tableaux choisis dans le musée du Luxembourg pour être envoyés par l'État à l'Exposition ouverte actuellement à Munich), et surtout *Le bon Samaritain*, que M. Charles Blanc considère comme « un des plus beaux morceaux

---

(1) Gigoux (Jean-François), né à Besançon, élève de l'École des Beaux-Arts de cette ville ; médaille 2e classe 1833 ; médaille 1re classe 1835 ; chevalier de la Légion d'honneur 1842 ; médaille 1re classe 1848. Hors concours.

de peinture qui aient été faits depuis quarante ans. » *La Belle au bois dormant* n'égale pas ce chef-d'œuvre. Son premier tort est de rappeler trop l'*Antiope* du musée du Louvre ; la pose est la même, sauf l'inversion de gauche à droite. Une semblable réminiscence évoque aussitôt un souvenir accablant, même pour un maître : on ne s'attaque pas impunément au Corrège. De plus, pourquoi décorer cette jolie femme nue d'un nom d'héroïne de conte de fées ? Elle est belle, il est vrai, et elle dort ; elle dort même au milieu d'un bois, sur une draperie orange et une peau de lion ; mais là s'arrête l'analogie, et, sans le livret, je vous défie bien de voir, dans cette nymphe prenant le frais à son aise, autre chose qu'une consciencieuse étude d'après nature, qu'un modèle copié scrupuleusement de la tête aux pieds. L'exactitude de la reproduction va jusqu'au portrait. Il n'y a certes que du bien à dire, au point de vue plastique, d'un si charmant modèle ; cependant, puisque M. Gigoux l'a représenté avec une fidélité photographique en Belle au bois dormant, M. Meynier devait-il en faire, au même Salon, et, lui aussi, avec une ressemblance à ne pas s'y méprendre, une Vierge tenant sur ses genoux l'Enfant Jésus endormi, puis une jeune femme à son lever ? De ces trois incarnations sous des costumes divers et même sans costume, deux au moins sont quelque peu disparates. Mais, je l'avoue, ce sont là des critiques pointilleuses, et je m'empresse de signaler dans cette toile, à côté de certaines défaillances, des qualités de premier ordre. La dextérité d'exécution est extrême ; le modelé a de la souplesse et de la vigueur ; le dessin, fin, ferme, serré, présente à peine une légère incorrection dans la structure des hanches ; enfin, la couleur serait parfaite sans son parti pris un peu rougeâtre. Le torse et le bras droit en particulier sont des morceaux superbes, de la meilleure manière du maître. Le raccourci de la cuisse gauche et le mouvement anguleux de la jambe droite me paraissent moins heureux ; la tête pourrait aussi avoir plus d'expression : l'insignifiance du modèle laisse fort à désirer à cet égard. Telle quelle, et malgré ces réserves, la prétendue *Belle au bois dormant* attire et retient l'attention. Citerait-on aujourd'hui beaucoup de pein-

tres capables encore, à soixante-treize ans, de brosser une pareille
étude ?

Depuis plusieurs années, un nuage passe sur le talent de
M. GIACOMOTTI (1). L'auteur de *L'Amour se désaltérant*, de
*L'enlèvement d'Amymone* (musée du Luxembourg), et de tant
de portraits fiers, élégants, lumineux, a été, de l'avis de tous, inférieur à lui-même dans son grand plafond décoratif du dernier
Salon, représentant ou plutôt censé représenter *La gloire de Ru-
bens et de la peinture*. Je doute que ses deux envois réussissent
à lui reconquérir la faveur du public. Le *Portrait de M*<sup>me</sup> *L. M.*
en pied et en robe de velours violet à traîne, la tête de trois quarts,
ne manque cependant ni de distinction, ni d'habileté, bien que
fort au-dessous des portraits du même artiste réunis à l'Exposition universelle de 1878. La pose, trop recherchée, imprime au
personnage un mouvement disgracieux et gâte l'agencement du
costume. La sûreté du dessin, le brillant du faire ne rachètent pas
la lourdeur, la dureté du coloris ; l'ensemble est d'un aspect aussi
froid que maniéré et prétentieux. — *La Giottina* ne sort pas de
la bonne moyenne des tableaux de genre. Il s'agit d'une de ces
petites italiennes de Clichy ou de Montmartre, que, sous prétexte
de couleur locale, une certaine école a jadis mises à la mode et
répétées sous toutes les formes. Celle-ci, penchée sur l'escabeau,
pendant un intervalle de pose, tient l'album du peintre et s'essaie
à barbouiller un bonhomme. Attentive à ce travail, elle semble
dire, elle aussi : *Anch'io son pittore!* Le sujet n'est pas des plus
relevés, il n'est pas non plus très neuf, mais il offre du piquant et
de la grâce, ce qui est bien quelque chose. La coloration a plus de
transparence, plus de moëlleux que dans le portrait de M<sup>me</sup> L. M.
En revanche, comment un artiste de la trempe de M. Giacomotti
a-t-il pu estropier de la sorte la main gauche et l'attache du poi-
gnet de son modèle ? L'attitude de la *ragazzina*, d'une simpli-

(1) Giacomotti (Félix-Henri), né à Quingey, élève de Picot ; grand prix
de Rome 1854 ; médailles 1864, 1865 et 1866 ; chevalier de la Légion
d'honneur 1867 ; médaille Exposition universelle de Vienne 1873 ; mention
honorable Exposition universelle de Paris 1878. Hors concours.

cité, d'une harmonie charmante, constitue le principal agrément
de cette composition adroitement traitée, mais d'un genre vieillot
et banal.

La manière raffinée, délicate, correctement académique de
M. MACHARD (1), ne m'avait pas jusqu'à présent séduit outre mesure. J'y cherchais, sans les trouver, l'accent, la force, le coup
d'aile de l'imprévu. Le premier succès véritable de ce grand prix
de Rome, l'*Apothéose de la Lune,* ou, pour parler comme le livret,
*Séléné,* « la souveraine déesse à l'arc divin, qui, montant lente-
ment dans le ciel étoilé, répand autour d'elle la blanche clarté, »
ne m'a point transporté d'enthousiasme au Salon de 1874, j'ai
l'impertinence de le confesser; même en recueillant mes souvenirs, je ne me rappelle point *Psyché rendue à l'Amour* (Salon de
1876); quant au *Ravissement de sainte Cécile* (Salon de 1878),
il m'a paru une pâmoison voluptueuse où la sainteté et l'art religieux n'ont absolument rien à voir. Je ne pense donc pas qu'on
m'accusera de partialité si je loue aujourd'hui sans restriction le
*Portrait de M^{me} J. M.* : c'est tout bonnement un chef-d'œuvre,
j'allais dire une révélation, malgré les beaux portraits dus précédemment à l'auteur, ceux entre autres de MM. Lenepveu (Salon
de 1868), Tony Robert-Fleury (Salon de 1869) et de M^{lle} Rosine
Bloch (Salon de 1875). Je n'ai pas l'honneur de connaître M^{me}
Jules Machard, mais je prêterais volontiers serment qu'elle seule
peut se dissimuler sous ces initiales discrètes : l'identité s'accuse
elle-même. Jamais, en effet, portrait de commande, à quelque
attrayant modèle que le peintre eût affaire, n'a été caressé d'un
pinceau si amoureux, si heureusement inspiré. La jeune femme
est assise, les mains réunies, le visage vu de profil; une élégante
robe bleue, un coquet petit chapeau bleu indiquent que cette
couleur lui sied à ravir; une gorgerette de dentelle serpente le long
de son corsage. Sur un fond obscur, le profil se détache en vive

(1) Machard (Jules-Louis), né à Sampans, élève de MM. Baille, Picot et
Signol; grand prix de Rome 1865; médaille 1^{re} classe 1872; médaille Exposition universelle de Vienne 1873; médaille 2^e classe Exposition universelle de Paris 1878; chevalier de la Légion d'honneur 1878. Hors concours.

silhouette, tout souriant de jeunesse, de grâce et de beauté. Quelle intensité de vie obtenue, semble-t-il, sans effort! Quel fin et souple modelé! La pureté des contours, le fondu des teintes, la franchise du dessin, la facilité de la facture, ajoutent encore à l'harmonie, à la séduction du coloris. Sauf quelques détails de la gorgerette, le costume et les accessoires n'ont, comme rendu, rien à envier aux carnations : c'est tout dire. L'œuvre, je le répète, est exquise. Elle m'a accaparé au détriment de l'autre toile de **M. Machard** : le *Portrait du vicomte d'A...;* je n'ai pas voulu le voir. Si grandes qu'en puissent être les qualités, il aurait, je crois, perdu à la comparaison, et je tenais à rester exclusivement sous le charme de mon admiration première.

**M. Tony Faivre** (1), de même que **M. Faustin Besson**, descend en droite ligne de Boucher; ses plafonds, ses panneaux renouent les traditions interrompues du dix-huitième siècle; il y a cent ans, on l'eût appelé « le peintre des grâces. » Mais il est bien question de « grâces » aujourd'hui! Nous en sommes aux « belles petites » et aux « honnestes dames » qui s'ingénient de toute façon à les copier. Aussi, le disciple de Boucher a-t-il modernisé son genre, en conservant néanmoins sa filiation originelle et son accent propre. Chez lui, nul essai de pastiche, nulle préoccupation du style plus ou moins Pompadour. Les salons et les boudoirs à la mode lui fournissent le sujet de ses scènes mignardes et coquettes : nos élégantes mondaines, nos galants cavaliers ne sont-ils pas là pour lui servir de modèles? Ce *high-life* abuse bien un peu de la poudre, du fard, de la parfumerie; mais qu'y faire? Au surplus, l'artiste a de la ressource : quand son pinceau est las des minois chiffonnés et des jupes de satin rose, il se retrempe dans les fleurs. Triomphant ainsi de la monotonie et de la spécialité, **M. Tony Faivre** maintient la jeunesse, la liberté, l'attrait irrésistible de son joli talent. S'il a, d'occasion, la fantaisie indécise et lâchée des décorateurs, si sa manière frise parfois la mièvrerie, il est, du moins, subtil sans pédanterie et précieux sans fadeur:

(1) Faivre (Tony), né à Besançon, élève de Picot; médaille 1864.

si sa palette est souvent plus chatoyante que juste, on l'oublie en admirant le goût de la composition, la combinaison harmonieuse des formes et des couleurs, la légèreté de la touche, la dextérité dans le maniement des tonalités claires, des teintes mates ou voilées. — Ce sont des *Fleurs* que M. Tony Faivre expose cette année; l'administration des Beaux-Arts l'a chargé de ce modèle pour une tapisserie qui sera exécutée à la manufacture de Beauvais et ira de là décorer le grand escalier du Luxembourg. La commande fait honneur à notre compatriote; celui-ci fait plus honneur encore à la commande; tout est donc pour le mieux, et je me félicite moi-même d'avoir à complimenter également l'administration de son choix, le peintre de son succès; une telle coïncidence ne se présente peut-être pas aussi souvent qu'on serait tenté de le croire. Deux mots du tableau. Un fond d'arbres et d'architecture, avec un coin de ciel; au premier plan, le plus adorable fouillis de roses trémières, de pivoines, de pavots, de capucines et de convolvulus, groupés autour d'un beau vase de pierre. Vraie fête pour l'œil. La fraîcheur, l'éclat, le velouté de cet ensemble de fleurs se fondent en une gamme discrète, vaporeuse; à côté de colorations vives, des clairs tranquilles; pas une nuance ne détonne, pas l'ombre d'une teinte criarde dans ce milieu riant où s'adoucit le jour et se tamise la lumière. Je vous en conjure à genoux, estimables artistes de Beauvais, n'allez rien nous sacrifier du charme de ce ravissant panneau !

Quand on aime les enfants, on aime par cela même M. LOBRICHON (1), le peintre en titre des bébés aux joues roses, aux membres potelés et grassouillets. Ce bon père nourricier a déjà élevé une nombreuse famille de jolies fillettes et d'espiègles bambins. La photographie et la gravure en ont rendu populaires la plupart. Qui ne connaît aujourd'hui *Le jeune criminel* (Salon de 1873), *Le bagage de Croquemitaine*, *La dînette* (Salon de 1874), *Le spectre rouge*, *Le volontaire d'un an* (Salon de 1875), *Le dernier jour d'un condamné* (Salon de 1877), etc. ? M. Lobrichon

(1) Lobrichon (Timoléon), né à Cornod, élève de Picot; médaille 1868.

rend avec un esprit mêlé d'amour paternel les attitudes, les gaie-
tés, les caprices, les physionomies mobiles de son intéressant
petit monde; il a le don de l'arrangement, de la pose; ses carnations enfantines sont délicieuses, trop délicieuses même. Aussi
faut-il lui crier gare! sinon la couleur finira par lui jouer un
mauvais tour  Elle est fine et pimpante, mais la consistance
lui fait défaut; l'exécution est habile, mais j'y voudrais plus de
vivacité, plus de largeur; la pâte surtout devient insuffisante :
c'est une indication, une préparation, plutôt qu'une peinture.
Beaucoup, je le sais, en arrivent là de nos jours; l'*école* dite *amé-
ricaine*, parce qu'elle exporte principalement aux États-Unis —
cela la juge, — en fournit une triste preuve. Raison de plus
pour M. Lobrichon de réagir contre une propension regrettable.
Outillé comme il l'est, il peut remédier au mal et poursuivre le
mieux avec la certitude d'y arriver. En attendant, ses deux toiles
du Salon offrent bien le mélange des qualités et des défauts que
je lui attribuais tout à l'heure. *Allant au bain* est une pastorale
charmante, malgré son faux air de Moïse sauvé des eaux, ou de
Marguerite allant jeter le petit Faust à la mare. Cette jeune femme,
portant son enfant dans un panier et entrant les pieds dans l'eau,
va, paraît-il, prendre un bain ou en faire prendre un au marmot:
peu m'importe, et je ne veux point relever qu'elle n'a pas du tout
le costume congruent. Tout ce que je vois, c'est qu'elle est affrio-
lante au possible et l'enfant gentil à croquer. Elle le contemple
avec amour, ce cher petit être qui lui sourit en tendant les bras;
non, décidément, elle ne vient pas, mère dénaturée, s'en débar-
rasser au fond de la rivière. La grâce du sujet me désarme, je ne
songe plus à critiquer la sécheresse de la facture et le peu de soli-
dité de la couleur. — Le *Portrait de M^{lle} Juliette d'A…* me séduit
moins. La composition, pourtant, a de l'originalité et de l'agrément; l'héroïne de M. Lobrichon, une petite Parisienne de huit
ans, interrompt sa promenade dans un jardin pour vous jeter un
coup-d'œil interrogateur; elle s'arrête surprise, mais non inquiète,
tenant d'une main son chapeau, de l'autre les fleurs qu'elle vient
de cueillir. Le fond de jardin, le costume, les fleurs, le chapeau,
tous les accessoires, en un mot, sont à louer; pour les carnations,

trève de compliments; elles ne baignent pas dans l'atmosphère,
elles ne sentent pas la vie, mais l'atelier. Ah! que Diderot a dit
vrai : « C'est la chair qu'il est difficile de rendre; c'est ce blanc onc-
tueux, égal sans être pâle ni mat; c'est ce mélange de rouge et de
bleu qui transpire imperceptiblement; c'est le sang, la vie, qui
font le désespoir du coloriste. Celui qui a acquis le sentiment de la
chair a fait un grand pas; le reste n'est rien en comparaison (1). »

Retenez le nom de M. COURTOIS (2), il sera bientôt célèbre.
Comme noblesse, nom oblige. Deux Courtois (3) figurent en tête
du Livre d'or des artistes franc-comtois; celui-ci ne tardera pas
d'y être inscrit à son tour. C'est un jeune, mais un jeune de l'a-
venir, et qui dépasse déjà les promesses de ses débuts. Il date
d'hier. J'ai encore présents à l'esprit ses premiers tableaux justement remarqués au Salon de 1876 : la *Mort d'Archimède* et
*Orphée*. L'année suivante, son *Narcisse* lui vaut une mention
honorable et est acheté par l'État pour le musée du Luxembourg.
Vers la même époque, le grand prix de Rome lui échappe, mais
il faut, je crois, l'en féliciter, quand on voit ce que produit, hélas !
depuis dix ans, cette prétendue institution d'encouragement au
grand art, quand on voit ce que deviennent ou sont devenus tous
ces récents lauréats officiels exportés en Italie. Tous, je me

(1) Diderot, *Essai sur la peinture*, chap. II.

(2) Courtois (Gustave), né à Pusey (Haute-Saône), élève de M. Gérôme;
premier second grand prix de Rome 1877; mention honorable 1877; médaille 3e classe 1878.

(3) Courtois (Jacques), dit *le Bourguignon*, né à St-Hippolyte (Doubs) en
1621, mort à Rome en 1676. Il passa la plus grande partie de son existence
en Italie, où il se lia avec le Guide, l'Albane, Pietre de Cortone, le Bam-
boche, etc. On a de lui, en dehors de ses eaux-fortes et de ses dessins, des
paysages, des sujets historiques et religieux, et principalement des ba-
tailles. M. Charles Blanc, qui le juge avec sévérité, reconnaît cependant
en lui « le maître par excellence des petits combats de cavalerie. » — Son
frère, Guillaume Courtois, né à St-Hippolyte en 1628, mort à Rome en 1679,
a, lui aussi, vécu surtout en Italie. Il eut pour maître Pietre de Cortone, et
devint le collaborateur de son frère. Il a laissé, outre des eaux-fortes, des
tableaux d'histoire et de religion.

trompe : un de nos compatriotes de Besançon, M. Chartran, élève
de Rome de 1re année, fait une glorieuse exception à la règle.
Puisse-t-il échapper jusqu'au bout à la *jettatura*, et conjurer
pour ses successeurs la fatalité impitoyable acharnée contre les
pensionnaires de la villa Médicis ! Je reviens à M. Courtois. L'é-
chec, si échec il y a, releva son courage et l'anima à de vaillants
efforts, couronnés aussitôt de succès. Le *Portrait de M*^me *de Ro-*
*chetaillée*, et *Taïs, la courtisane, aux enfers*, exposés au Salon
de 1878, conquirent tous les suffrages et emportèrent d'emblée
une 3e médaille. L'une de ses deux toiles de cette année en mé-
ritait au moins une nouvelle. Le jury a jugé différemment ; il a
préféré récompenser, un peu les yeux fermés, dit-on, nombre
d'autres œuvres fort contestables, inférieures, je ne dis pas à mon
humble avis, mais de l'aveu de beaucoup d'artistes, au *Portrait*
*de M*^me *la comtesse de Reculot* et même au *Portrait de M*^me *de B.*
Le premier, surtout, a grand air et belle allure. Assise de trois
quarts, la tête de face, vêtue d'une robe de velours marron-clair
ouverte sur la poitrine et ornée de dentelles, les mains gantées
jointes sur les genoux, la noble dame vous adresserait la parole si
vous lui étiez présenté. Il ne lui manque que la voix. Le modelé
est plein, ferme, bien suivi, la couleur délicate et en même temps
robuste, le dessin châtié, la touche fine sans sécheresse. M. Courtois sent la chair et sait la rendre : ce visage, ce cou, cette gorge
donnent l'illusion de la réalité ; ces gants dessinent à merveille
les mains ainsi que les bras qu'ils cachent en partie. Il sait traiter
aussi avec une verve étonnante les divers accessoires de ses figures ; je n'en veux pour preuve que cette jolie robe marron-
clair. — Mêmes qualités, à un degré moindre pourtant, dans
l'autre portrait. M^me de B. est également assise, la tête presque de
profil ; elle tient à la main un éventail et un bouquet de violettes ;
robe jaune-paille décolletée. Je ne sais quoi de disgracieux m'of-
fusque dans la pose : le buste, les épaules offrent des lignes légèrement contournées ; la couleur me paraît aussi moins vigoureuse,
les carnations moins vivantes que dans le portrait précédent. En
compensation, je signale l'oreille et les cheveux comme un tour
de force d'exécution.

Une indiscrétion en terminant. M. Courtois prépare une œuvre importante pour le prochain Salon : *Virgile et Dante aux enfers*. Il m'a été permis d'en admirer, dans l'atelier du peintre, la fière ébauche. Le jury nous dira des nouvelles du tableau.

Peintre, sculpteur, dessinateur, graveur, M. LANÇON (1) cumule audacieusement toutes les spécialités, et comme la fortune est propice aux audacieux — aux audacieux surtout de cette valeur, — il remporte dans tous les genres une égale victoire. Peintre, il s'est créé un domaine à part dans les sujets militaires. *Les Frères enterrant des soldats le lendemain de l'affaire de Champigny* (Salon des refusés de 1873), *Les morts en ligne, champ de bataille de Bazeilles* (Salon de 1874), *Les échappés de Sedan, route de Mouzon, le 1ᵉʳ septembre 1870, le soir* (Salon de 1875), *Le 5ᵉ régiment de cuirassiers à Mouzon* (Salon de 1877), *Au moment de quitter l'étape* (Salon de 1878), révèlent une fougue de jet, une franchise d'accent, un respect de la réalité, que rehausse une couleur puissante, énergique dans sa tonalité sombre et sa dureté un peu brutale. Ce sont des esquisses poussées, largement faites plutôt qu'achevées méticuleusement; mais, comme on y sent l'émotion, la sincérité du témoin oculaire ! L'artiste a vu, en effet, les scènes qu'il retrace; parfois même il y a pris part. Engagé dans une ambulance dès les premiers jours de la fatale guerre de 1870, M. Lançon accomplit dignement son devoir sur les champs de bataille, tout en glanant une ample moisson de croquis d'après nature. Son ambulance fut enfermée à Sedan. Après la capitulation de Bazaine, il put rentrer à Paris et fit toute la campagne du siège en qualité de sergent dans un régiment de marche, tour à tour l'album et le fusil à la main, jaloux, comme Regnault, de payer de sa personne, mais, plus heureux que lui, remplissant jusqu'au bout sa tâche de patriote et d'artiste. Vous étonnez-vous maintenant de la saisissante vérité de ses toiles,

(1) Lançon (Auguste), né à Saint-Claude, élève de l'École des Beaux-Arts de Lyon, puis à Paris de Picot; médaille 2ᵉ classe 1873 (section de gravure). Hors concours (dans cette section).

de la spontanéité de ses deux cents eaux-fortes de *La troisième
incasion?* Quel poignant, quel lugubre commentaire d'une dou-
loureuse histoire! En dehors des sujets militaires, M. Lançon a
une autre prédilection : les fauves. A défaut de voyages lointains,
il a dû, il doit encore passer plus d'une heure au Jardin des
plantes et dans les ménageries, à dessiner, à modeler sur place
ces lions, ces tigres, dont il traduit si superbement les attitudes.
Qu'il emploie pour cela le pinceau ou l'ébauchoir, il a le souci de
la ligne, du mouvement, du caractère; sa note est très individuelle;
il arrive à être neuf, original, même après Delacroix et Barye. Je
n'ai encore rien dit du dessinateur, mais il sera question de lui
plus loin, ainsi que du sculpteur et de l'aqua-fortiste; je ne veux
maintenant parler que du peintre. — Il est représenté au Salon
par deux envois : *Les lions* et *Les pauvres au coin de la rue de
la Santé, en 1869.* Ces lions valent pour le moins ceux des précédentes expositions; ils ont une majesté presque sculpturale. Le
crépuscule s'étend sur le désert; le mâle est couché sur le sable;
à dix pas derrière, la lionne s'avance; elle a sans doute flairé de
loin quelque proie, et vient inviter à la chasse son royal époux.
Gare à l'Arabe attardé, ou à la pauvre gazelle trahie par la brise!
Les deux carnassiers sont admirablement construits; le grand
lion, au premier plan, surtout, vous cause un vrai frisson. La tonalité générale paraît de prime abord trop noirâtre, mais, étant
donné la pâle lumière du jour sur son déclin, on en reconnaît
bien vite la parfaite justesse. — Une sinistre procession de gue-
nilleux, d'éclopés, de faméliques, promiscuité sordide et na-
vrante, attend, à la porte de l'hospice, la distribution des restes.
La sportule ne doit pas être luxueuse; qu'importe, pourvu qu'elle
soit la bienvenue, et elle l'est certainement, si l'on en juge à l'at-
tente peinte sur tous ces visages hâves, blêmes, souffreteux, éma-
ciés par la misère ou flétris par la débauche. L'impression de la
scène est d'une hardie et surprenante réalité. L'auteur n'a ni
flatté, ni chargé ses types; il les a peints et groupés tels qu'il les
a vus : je garantis la ressemblance. Qu'un pareil spectacle n'ait
rien de réjouissant, je vous l'accorde; une jolie femme désha-
billée charmera davantage, sans doute, les regards qu'effarou-

chent de pauvres diables, des gueux même, si vous le voulez,
alignés à la file pour recevoir un menu morceau de pain, ou un
maigre bouillon d'hôpital. Il faut cependant admettre que la misère existe, et qu'un artiste a le droit d'en rendre parfois le public
témoin. Réalisme, soit, mais réalisme plus sain, plus original
que la moitié des toiles figurant chaque année au Salon. Si M.
Lançon m'en croit, il conservera ce réalisme et cette personnalité tranchée. En tous les cas, ses *Pauvres* peuvent prendre
place à côté de ses lions et de ses épisodes de guerre; si certaines
teintes sont un peu crues et heurtées, si le dessin pourrait avoir
plus de souplesse, l'œuvre, du moins, prouve un tempérament
et fait songer à la fois à Callot, à Hogarth et à Daumier.

En écrivant le nom de M. Mouchot (1), je me reporte involon-
tairement à des souvenirs déjà lointains de notre commune jeunesse. Vous rappelez-vous, ami, nos premières visites ensemble,
il y a treize ans, aux musées du Louvre et du Luxembourg, ma
naïve admiration de chefs-d'œuvre nouveaux pour moi, nos dîners
chez le père Nail, où la frugalité du menu nous laissait tout le
temps de poursuivre d'interminables discussions esthétiques, en
compagnie de vos camarades de l'École des Beaux-Arts? — Ce
tribut une fois payé aux douces remembrances du passé, le présent me réclame : je rentre donc dans l'actualité, c'est-à-dire,
dans mon sujet. — Depuis bien des années, je suis avec un vif
intérêt et une amicale satisfaction les progrès de M. Mouchot.
Après les tâtonnements et les hésitations du début, il a trouvé sa
voie et de plus en plus affirmé son individualité. Ses portraits
des précédents Salons, ses *Musiciens de Florence au XVI⁰ siècle,*
de l'an dernier, dénotaient chez lui l'entente de la composition,
le sentiment du style, la préoccupation de la forme, la recherche
de la couleur; aujourd'hui, le *Saint Jean-Baptiste prêchant* et
le *Portrait de M^{me} **** le mettent hors de pair. Le Précurseur
est debout; d'une main, il tient une croix; de l'autre, il montre
le ciel à un auditoire en dehors de la toile; au fond, un de ces

(1) Mouchot (Ludovic), né à Poligny, élève de MM. Ballandrin et Cabanel.

discrets paysages chers à Raphaël. La médiocrité désespérante de la plupart des tableaux de sainteté qu'on fabrique actuellement fait d'autant mieux ressortir celui-ci. La figure se tient bien, le galbe du corps a de l'élégance et de la distinction, les nus sont étudiés avec soin : le torse, en particulier, est un excellent morceau. Le dessin des jambes offre peut-être quelque lourdeur, la tête du saint laisse peut-être à désirer comme expression. Malgré cela, le sujet a beaucoup d'ensemble et l'exécution en est des plus louables. — Jamais l'inspiration n'a servi aussi bien l'auteur que dans le *Portrait de M*^me^ *** (M^me^ Ludovic Mouchot — pardonnez-moi mon indiscrétion, chère Madame). — Charmant modèle, charmante peinture. M^me^ *** (je lui rends maintenant son incognito) est assise, la tête de face, le bras gauche accoudé sur le fauteuil, l'autre bras reposant sur les genoux et tenant un éventail. Bonne pose, naturelle sans vulgarité. Je ne saurais trop vanter la franchise du dessin, la délicatesse, la fraîcheur, la transparence du coloris, le goût des accessoires (sauf cependant la colonne verticale du fond, d'un effet disgracieux); un peu plus de fermeté dans la touche, d'accentuation dans la manière, et ce serait parfait.

*Mon cousin Ernest*, de **M. Billot** (1), a déjà été admiré en 1876 à l'Exposition des Beaux-Arts de Lons-le-Saunier. Un de mes bons amis, je devrais même dire le meilleur, Paul Pharès, a consacré alors les lignes suivantes à ce hardi, vivant et lumineux portrait : « D'une expression finement naïve, cette tête, de la grandeur de la main, a le relief et l'aspect d'un buste; le pinceau l'a pénétrée, creusée, comme ferait un pouce de sculpteur pétrissant l'argile; et pourtant elle n'a rien de trituré ni de dur; les contours ne sont pas engorgés dans la pâte, les valeurs et les oppositions ont pleine justesse. La tonalité est chaude, robuste, le dessin serré, la facture large, le modelé profondément ressenti. Il y a dans cette toile une énergie de coloration, une intensité de lumière projetée, qui donnent l'illusion de la nature même; le

_________

(1) Billot (Achille), né à Sellières, élève de MM. Besson, Cogniet, Robert Fleury et Perraud.

3

rendu de l'exécution ne saurait guère aller au-delà. L'œuvre serait parfaite si le bas du visage n'était pas un peu escamoté, et si
le vêtement n'avait pas trop poussé au noir. Tel quel, Bonnat ou
Ribot signerait encore ce portrait. » — En revoyant avec moi
*Mon cousin Ernest* au Salon, l'ami Paul Pharès a maintenu son
appréciation d'il y a trois ans : inutile de dire que je partage complètement sa manière de voir. A peine un critique grincheux pour-
rait-il trouver que les carnations ont pris une patine jaunâtre légèrement pisseuse ; et encore, avant d'affirmer la chose, devrait-
il s'assurer si le jour, le vernissage et la gamme claire des tableaux
voisins ne sont pour rien là-dedans.

M. Bassot (1) tient ses promesses : à chaque nouvelle exposition, il tend davantage à conquérir un bon rang parmi les portrai-
tistes. Son *Portrait de M. Pajot, professeur,* indique des qualités
sérieuses de dessin, de couleur et de facture. La pose me paraît
bien un peu théâtrale, mais la tête est d'un beau modelé et la
physionomie spirituellement narquoise du célèbre docteur d'une
vérité, d'une ressemblance parfaite. A louer aussi le rendu des accessoires et spécialement de la robe. Je serais fort surpris qu'avec
ces vaillants efforts et ce talent incontestable M. Bassot n'obtînt pas
bientôt une médaille ; il l'emportera à coup sûr en cherchant à
être plus lui-même et en noyant moins ses chairs dans les demi-
teintes. — L'autre toile de M. Bassot, inscrite au livret sous le titre
de *Tête d'étude,* est, m'a-t-on dit, le portrait de l'auteur ; en tous
les cas, ce n'est pas celui d'un homme morose. Quel large éclat
de rire sur cette bonne figure joviale ! Quel accès d'inextinguible
hilarité ! Si l'artiste a voulu que le rire vous gagnât malgré vous
à voir cette belle humeur, il a atteint son but. Rien à redire à l'exécution, au point de vue technique ; mais le choix même du sujet
prête à la discussion. Doit-on s'attacher ainsi à reproduire de préférence une expression de physionomie aussi mobile, aussi chan-
geante, frisant toujours la grimace ? La plastique s'y oppose, l'esthétique le défend. « Un portrait, a écrit Diderot, peut avoir l'air

(1) Bassot (Ferdinand), né à Besançon, élève de MM. Pils et Matout.

triste, sombre, mélancolique, serein, parce que ces états sont permanents; mais un portrait qui rit est sans noblesse, sans caractère, souvent même sans vérité, et par conséquent une sottise. Le ris est passager. On rit par occasion, mais on n'est pas rieur par état (1). »

M. Bouillon (2) a exposé en 1877 le *Portrait de M. Etienne J...* — M. Et. Junca, l'un de mes prédécesseurs, qui a renoncé à l'ingrate profession d'archiviste pour entrer dans la presse parisienne, où il tient aujourd'hui un rang distingué. — J'ai conservé assez bon souvenir de cette toile; pourtant, je lui préfère son pendant de cette année : le *Portrait de M^{me} E. J.* (M^{me} Et. Junca). L'attitude est élégante et gracieuse, le dessin ferme, le modelé soigné; le coloris offre, il est vrai, quelque indécision, mais, en revanche, sa tonalité claire flatte agréablement le regard. — *Le serment d'amour chez les Ansariès (Syrie)* n'offre, à part le costume, rien de caractéristique, rien d'original comme sujet. Aussi bien, de toute antiquité, sous toutes les latitudes, les amoureux n'ont qu'une manière de se jurer une éternelle tendresse : les lèvres se cherchent, se rencontrent, et le serment se prête dans un baiser. Les Syriens et les Syriennes de l'anti-Liban ne font pas différemment, et tout porte à croire que chez eux ces serments-là ne valent pas mieux qu'ailleurs. Nos deux jeunes Ansariès paraissent, pour le moment, fort convaincus de l'efficacité de leur petite cérémonie. Pourquoi leur enlever cette illusion? Sous son pittoresque costume, la jeune fille est ravissante de pudeur mêlée d'abandon, et l'assermentant accomplit en conscience sa douce besogne. Joli tableau, d'un bon agencement, quoique la pose du jeune Syrien soit maladroite et forcée.

*Les Falaises du Tréport (Seine-Inférieure), le matin,* de M. Mareschal (3), se trouvaient si haut perchées, que je ne me ha-

(1) Diderot, *Essai sur la peinture*, chap. V.

(2) Bouillon (Léon), né à Lons-le-Saunier, élève de MM. Achille Billot, Pils et Lehmann.

(3) Mareschal (Édouard), né à Champagnole.

sarderai point à en parler, de peur d'en parler mal. *Idem* pour le *Portrait de M^me D.*, de M. DENIS (1). Je prendrai ma revanche au prochain Salon, où, sans doute, les œuvres de ces deux artistes obtiendront une meilleure place.

La galanterie française m'a fait réserver les dames pour la fin, pour le bouquet, veux-je dire. Ces dames sont des demoiselles, mais, on le sait,

> . . . . . . . . . chez les âmes bien nées,
> La valeur n'attend pas le nombre des années.

M^lle GUILLAUME (2) compte plus de succès que de printemps. Depuis plusieurs années déjà, elle expose des portraits d'une vigoureuse touche et d'un solide coloris. Sa *Tête antique* (1876) a eu les honneurs de la gravure; son *Portrait d'homme* (1877), son *Liseur* (1878), rappellent les éminentes qualités de Carolus Duran et de Henner, ses maîtres. Le *Portrait de M^lle* *** et le *Portrait de M.* *** marquent chez cette jeune artiste d'incessants progrès. Largeur du faire, souplesse du dessin, justesse du modelé, harmonie et consistance de la couleur, M^lle Guillaume cumule tous les dons; le bien ne lui suffit pas, elle aspire au mieux : son talent viril justifie cette ambition et peut escompter l'avenir.

Elève de Desgoffe, M^lle MÉA (3) marche d'un pas ferme sur les traces de cet illustre maître. Elle a appris à bonne école à rendre avec l'illusion de la réalité les joyaux et les gemmes, les statuettes antiques, les missels moyen âge, les émaux renaissance, les aiguières finement ouvrées, en un mot les plus merveilleuses richesses des collectionneurs millionnaires. Sous son pinceau, les objets précieux qui paraissent le plus réfractaires à une re-

---

(1) Denis (Eugène), né à Gray, élève de Gleyre et de l'École des Beaux-Arts.

(2) Guillaume (M^lle Noémie), née à Besançon, élève de MM. Carolus Duran et Henner.

(3) Méa (M^lle Sabine), née à Lure, élève de MM. Coignet et Desgoffe.

production exacte conservent leur éclat, leurs scintillants reflets.
La vérité d'imitation est parfaite, l'illusion absolue. En 1877
et 1878, M<sup>lle</sup> Méa figurait honorablement au Salon ; cette année,
elle s'y distingue. *Buire et plateau en cristal de roche, XVI<sup>e</sup>
siècle : — Aiguière en sardoines et onyx orientales, sections
d'un vase antique, montées et rehaussées d'émaux et de rubis,
au XVI<sup>e</sup> siècle, vidercome, etc.*, sont de vrais trompe-l'œil où
la précision du détail, le serré et le fini de l'exécution sont
poussés à un degré incroyable. Je ne trouve à critiquer que la
sécheresse, la dureté de la couleur ; et encore ne dois-je pas in-
sister là-dessus, puisque Desgoffe lui-même n'échappe pas toujours à ce défaut.

II.

MM. Japy, Rapin, Robinet, Vernier, Pointelin, Ordinaire,
Isenbart, Fanart, Boudôt, Bavoux, Demesmay, Elmerich,
Schmidt.

— Quel abominable siècle que le nôtre ! disait un jour à Paul
de Kock quelque réactionnaire endurci. La société est boulever-
sée, la religion est honnie, tous les principes sont méconnus ;
partout le désordre et l'anarchie. Où allons-nous, mon Dieu ?
où allons-nous ? — Moi, répondit tranquillement le romancier,
je vais à la campagne..... Faisons de même, si vous le voulez
bien ; les paysagistes franc-comtois nous convient à des excursions pittoresques et variées.

*La fin d'avril* de M. Japy (1) évoque tous les charmes du printemps. C'est le moment où, comme l'a si bien exprimé Alfred de
Musset :

Le printemps inquiet paraît à l'horizon,

frissonnant encore, sous la brise tiède, des derniers frimas
de l'hiver. Salut à ce galant messager des beaux jours, qui

(1 Japy Louis-Aimé), né à Berne (Doubs), élève de M. Français ; médaille 1870 ; médaille 3<sup>e</sup> classe 1873. Hors concours.

s'empresse de venir assister au petit lever de la nature. Quelle fête pour le recevoir ! Le soleil, enfin victorieux, rayonne dans l'azur du ciel ; la prairie se tisse en vert tendre un coquet manteau diapré de primevères, d'anémones, de pervenches et de violettes ; la poussée de la sève fait éclater les bourgeons et pare les arbres d'un feuillage naissant ; de blanches floraisons égaient la masse sombre des taillis ; sur les aubépines, les oiseaux volètent, préparant leur nid et gazouillant une chanson joyeuse ; tout s'anime, tout se réveille d'un long engourdissement, tout sourit à la saison nouvelle. M. Japy aime à rendre ces ravissants aspects printaniers ; il y excelle parfois. Les deux tableaux qui, en 1870 et 1873, lui ont gagné une médaille au Salon, *Matinée de printemps* et *Printemps*, rappelaient à certains égards la meilleure manière de Corot et de Daubigny, avec une originalité particulière d'excellent augure. Un talent peut-être inégal, mais toujours incontestable, a recommandé depuis *Le printemps dans la montagne* (1874), *Fin de mai* (1875), *Le mont Dol, au printemps* (1876), *Printemps dans la vallée de la Somme*, et *Dans les bois, en avril* (1878). *Fin d'avril* accentue cette année les qualités et les défauts du jeune maître. Au premier plan, un coin de prairie et un massif d'arbres ; plus loin, un étang, bordé à droite et à gauche d'aunes, de vernes, de bouleaux, va se perdre à l'horizon au pied d'une colline à peine entrevue dans l'éloignement. Comme *Les étangs* qu'a chantés Mérat, celui-ci a

> ...... le bois charmant pour cadre avec les fleurs ;
> Les bouleaux reflétés y plongent leurs pâleurs,
> Et le ciel, à l'envers au fond de l'eau, se raie
> Des grands joncs et des brins rouges de l'oseraie.

Le motif est d'un heureux agencement et d'un bel effet ; la fermeté des terrains et des arbres du premier plan donne du lointain aux fonds ; aucune surcharge de détails inutiles ne préjudicie à l'ensemble ; la couleur est fine et délicate, le faire habile au possible. Et pourtant, on se sent là en présence d'un relâchement, ou plutôt d'un parti pris que les amis de l'artiste n'hési-

tent pas à regretter. La touche manque de décision, le coloris de
vigueur, la tonalité générale de légèreté. Il y a du maniéré dans
cette exécution si facile ; il y a du coton dans ces teintes vapo-
reuses ; il y a de la lourdeur dans ce ciel. La palette est riche, le
pinceau n'ignore aucune ressource technique ; l'habileté, je le répète, atteint les dernières limites ; mais cette habileté même
s'exerce trop au détriment de la vérité, de la franchise d'impression, du sentiment juste des poésies de la nature. — Je préfère,
pour ma part, la *Vallée du Lomont (Doubs)*. L'ampleur grandiose du sujet vous saisit. Les montagnes, les vastes espaces, les
immenses perspectives, fuient à perte de vue ; la plaine, élargie
à l'entrée, baigne dans l'air et la lumière. Le moyen de rester in-
différent devant un pareil spectacle ? Des chevaux au repos, un
pâtre mélancolique, un groupe de chênes — le tout, d'ailleurs,
hardiment jeté sur le devant de la toile, — cherchent en vain à
distraire l'attention : le regard, fasciné, les néglige pour s'attacher
aux superbes horizons, aux grandes lignes harmonieuses, à l'imposante étendue, si magistralement traduits par le peintre. Que
çà et là percent un peu le décor et la convention, je ne le nie
point ; mais qui aurait l'audace d'en faire un crime à M. Japy,
après avoir admiré, comme elle le mérite, cette œuvre remarqua-
ble sous tant de rapports ?

Comme quoi il ne faut point se fier au nom. On peut, de par
l'état civil, s'appeler Delacroix ou Delaroche, et n'être qu'un bar-
bouilleur vulgaire ; mais aussi on peut s'appeler RAPIN (1) et n'en
être pas un : notre compatriote en fournit la meilleure preuve.
Jamais nom ingrat n'a reçu démenti plus éclatant. Depuis le Salon de 1870, où le gouvernement fit achat du tableau envoyé
par ce jeune et vaillant artiste, *Le ruisseau de Nans-sous-Sainte-
Anne*, actuellement au musée de Besançon, chaque exposition
de Paris et de province lui a valu une distinction ou un achemi-
nement à la célébrité. Médaillé en 1875 et en 1877, hors con-

______

(1) Rapin (Alexandre), né à Noroy-le-Bourg (Haute-Saône), élève de MM.
Gérôme et Français ; médaille 3ᵉ classe 1875 ; médaille 2ᵉ classe 1877. Hors
concours.

cours dès lors, M. Rapin est, sans conteste, classé aujourd'hui au premier rang de la jeune école qui continue avec succès les glorieuses traditions des Corot, des Courbet, des Daubigny, des Rousseau, des Millet, des Dupré et des Diaz. Le Salon de 1879 lui réservait l'honneur de voir un de ses paysages acquis par l'État pour le musée du Luxembourg. L'envoi du peintre comprend deux grandes toiles : *Le matin dans le Valbois (Doubs)*, et *Les bords de la Loue, à Scey (Doubs)*. M. Rapin a une prédilection toute particulière pour le Valbois. Nous avions, l'an dernier, *Le Valbois en novembre;* dans *Le matin,* c'est, sous un aspect différent, le même site par une belle matinée du mois de mai. La prairie, humide encore de la rosée de la nuit, boit avidement les rayons de soleil; les collines commencent à s'embraser à la chaleur de l'atmosphère; à l'horizon, les hautes montagnes couvertes de bois se dégagent peu à peu de la brume et profilent leurs arêtes bleuâtres sur la transparence laiteuse du ciel; partout la nature épanouit sa double jeunesse du renouveau et du matin. Une pareille toile vous donne la nostalgie du printemps et vous fait envier le sort des deux petits bergers qui laissent leur troupeau paître à l'aventure pour venir jouer aux bords du joli ruisseau courant dans les prés. *Les bords de la Loue, à Scey —* un autre motif favori de M. Rapin, — sont aussi caractéristiques, comme paysage franc-comtois, que les montagnes d'Ornans si souvent et si merveilleusement reproduites par le regretté Courbet. Des assises de rochers boisés au sommet surplombent d'un côté la rivière, où se mirent, à l'autre rive, les saules et les peupliers. La journée est à son déclin; l'ombre a envahi tout le bas, tandis que, dans le fond, le soleil dore encore les cimes des arbres et les points culminants de la côte. Ce tableau était digne, sans contredit, de passer du Salon au Luxembourg : on pourra l'y admirer désormais. J'eusse pourtant préféré, je l'avoue, *Le matin dans le Valbois;* mais, étant admis que les choix de l'administration sont toujours parfaits, j'applaudis de grand cœur à la mesure qui ouvre un de nos musées nationaux à l'une ou l'autre page de l'éminent paysagiste franc-comtois. L'une ou l'autre, en effet, permet d'apprécier à sa valeur ce talent fin, souple et consciencieux. On y trouve à un égal degré le vif sentiment de la nature, la sincérité de l'impression, la vérité du rendu. La note est juste, la manière franche, la facture large et dédaigneuse des petites habiletés à la mode. Sobre, un peu sévère, mais d'une recherche délicate, la couleur se distingue par l'harmonie des tons, la dégradation des nuances, la subordination des ombres et des lumières. Une rare perfection de dessin complète et met en relief cet heureux ensemble de qualités. Il y a fort à faire pour découvrir le défaut d'une cuirasse si solide ; cependant, qui peut se flatter d'être invulnérable ? La critique, d'ailleurs, est sans pitié : partout elle revendique ses droits d'investigation minutieuse et d'impartialité absolue ; elle ignore la complaisance, rien n'échappe à son franc parler. Chez elle, les restrictions, les réserves, tempèrent continuellement les éloges ; la médiocrité seule désarme sa rigueur. Le véritable mérite est accoutumé à ce rude langage et ne songe pas à s'en plaindre ; il sait, par expérience, que, sous des dehors farouches, la critique est au fond bonne personne et même bonne conseillère ; il préfère avec raison, à l'encouragement banal, aux compliments de commande, à la flatterie intéressée, une appréciation moins louangeuse, mais plus raisonnée, un examen peut-être moins avantageux, mais plus approfondi, en un mot moins d'encens et plus de brutale vérité. Cela dit une fois pour toutes, il me reste à indiquer les quelques côtés par où M. Rapin me paraît attaquable. Un juge plus compétent que moi va s'en charger. Dans sa *Lettre sur le paysage,* Gessner formule ainsi la théorie de ce genre de peinture, avec son propre exemple à l'appui : « Embarrassé, incertain de la route que je devais choisir, je me dis : Il n'est qu'un seul modèle, il n'est qu'un seul maître ; et je me mis à dessiner d'après nature ; mais j'appris bientôt que ce grand et sublime maître ne s'explique clairement qu'à ceux qui ont appris à le comprendre. Mon exactitude à le suivre en tout m'égara ; je me perdais dans des détails minutieux qui détruisaient l'effet de l'ensemble ; je ne saisissais pas cette manière qui, sans être servile ni léchée, exprime le véritable caractère des objets. Mes arbres étaient dessi-

nés avec sécheresse et ne se détachaient point par masses; l'ensemble était interrompu par un travail sans goût; bref, mon œil,
trop fixé sur un point, n'était point exercé à embrasser un espace.
J'ignorais cette adresse qui ajoute ou retranche dans les parties
que l'art ne peut atteindre. Mon premier progrès fut donc de m'a-
percevoir que je n'en faisais pas; mon second, d'avoir recours aux
grands maîtres et aux principes qu'ils ont établis par leurs pré-
ceptes ou leurs ouvrages... » Et quelques lignes plus loin : « Les
paysagistes sont à l'origine tombés dans la sécheresse, par une
exactitude trop grande à imiter la nature, dont ils sentaient, pour
ainsi dire, trop en détail les beautés; en effet, ces détails sont
exécutés par eux d'une manière aussi finie dans les objets subor-
donnés que dans les parties les plus saillantes. Leurs successeurs
ont remarqué ces défauts; ils ont senti qu'une imitation caractéristique était plus intéressante que l'imitation des parties; les
idées de masses, d'effets, d'ordonnance, se sont offertes à leur
esprit; ces idées ont produit des principes, et les grands peintres
ont cherché un effet général, comme les poètes un intérêt dominant. » Voilà de judicieuses observations et en même temps de
sages conseils. L'école contemporaine n'aurait-elle point à en faire
un peu son profit? Il ne suffit pas qu'elle ait enfin rompu avec
l'emphatique et froide convention du paysage historique; pousser
trop loin la réaction serait tomber dans un autre écueil. Le retour
à la réalité, le *réalisme* dans son acception vraie, a produit, en
matière d'art, la plus salutaire et la plus féconde des rénovations;
on peut en attendre beaucoup encore, pourvu qu'on limite son
influence à de justes bornes, au lieu d'exagérer sa doctrine et, par
là même, de dénaturer son but. On en arrive là, cependant. Sous
prétexte de réalisme, une nombreuse école fait du terre à terre,
copie servilement le premier site venu, professe le culte à outrance
du détail, du *morceau,* sans se préoccuper du goût, du style, de
l'idéal. Qu'importe la composition, qu'importe l'harmonieux arrangement des parties? Vieux genre. La nouvelle méthode pré-
tend racheter l'insignifiance d'un sujet quelconque, en emprun-
tant à la photographie sa fidélité sèchement mathématique, en
épuisant toutes les ressources du pinceau, toutes les adresses de

l'exécution. Si c'est là le comble de l'art, les Poussin, les Le Lorrain, les Hobbema, les Ruisdaël, pour ne citer que ceux-là, ne l'ont jamais atteint; je ne pense pas qu'il les en faille plaindre. Malgré son allure indépendante et sa supériorité marquée, M. Rapin n'est point complètement indemne de cette exagération de réalisme; non pas qu'il suive les errements de l'école dont je viens de parler, mes éloges d'il y a un instant jureraient avec un pareil reproche; mais, au risque de lui chercher chicane, je lui voudrais une interprétation plus libre de la nature, une moindre richesse de détails, une moindre exactitude des premiers plans, et plus d'unité, plus de souci de l'ensemble. Certaines parties occupent trop de place et confisquent l'attention; d'autres sont traitées avec négligence et lourdeur. Il faut, selon le conseil de Gessner, savoir « ajouter » et « retrancher » à propos, ne pas « sentir trop en détail les beautés » d'un paysage, s'attacher « à l'imitation caractéristique, » aux « idées de masses, d'effets, d'ordonnance, » « chercher un effet général, comme les poètes cherchent un intérêt dominant. » Quand il s'agit d'un artiste doué comme l'est M. Rapin, on a le droit de se montrer exigeant; il n'est pas d'exigence à laquelle il ne puisse victorieusement répondre.

En 1869, M. Robinet (1) exposait pour la seconde fois au Salon : une médaille d'or consacra d'emblée ses débuts, et la critique s'associa au jury pour saluer, à son apparition, un talent original, personnel, ennemi des sentiers battus, ne relevant d'aucune des écoles en vogue, tranchant avec éclat sur l'uniformité médiocre, commune, des disciples voués au pastiche de tel ou tel maître. Le nouveau venu s'imposait. On discuta son genre, mais tout le monde fut d'accord à lui reconnaître une individualité entière et déterminée. Les plus difficiles à contenter proclamèrent en lui « le Desgoffe de la mousse et du caillou; » ses admirateurs allèrent plus loin : Théophile Gautier, si mes souvenirs sont exacts,

(1) Robinet (Paul), né au Magny-Vernois (Haute-Saône), élève de MM. Meissonier, Cabat, F. Barrias et Zünd; médaille 1869; médaille Exposition universelle de Vienne 1873.

l'appela hardiment « le Meissonier du paysage. » Ces deux épithètes lui conviennent bien : elles dépeignent d'un mot cette manière fine, précise, serrée, fouillée, nerveuse, qui, au Salon de
1869, se traduisit du premier coup par un tableau frisant de près
le chef-d'œuvre : *Le lit du Vitznaüerbach, lac des Quatre-
Cantons*. Amoureux de ce beau lac, M. Robinet se fixa dans ses
environs — à Vitznau, puis à Gersau, — et continua dès lors à exposer régulièrement à Paris toute une série de sujets empruntés à la
Suisse : *Chute du Vitznaüerbach* (1870), *Le ravin d'Amélie à
Vitznau* (1875), *Les premières neiges à Vitznau* (1876), *Vue
de Bodensée* (1877), *La Gorge-aux-Cerfs, vallée de Münster*, et
*Les rochers de Marie, lac des Quatre-Cantons* (Exposition de
1878). Entre temps, quelques séjours dans le Midi lui fournirent
l'occasion de varier ses motifs et d'aborder, avec la mer, la nature
méridionale. C'est à cette catégorie qu'appartiennent *Solitude,
Sous les oliviers* (Salon de 1872), *Una pastourella, bois d'oliviers
près de Menton, l'hiver, Les montagnes mentonnaises, vues du
cap Martin, au soleil couchant* (1873), *Matinée de printemps
dans la rivière de Gênes, Vue de Monaco et de la Tête-de-Chien,
Au bord de la Méditerranée, soleil levant* (1874), *La mer à
Menton* (1875), *La Roche-aux-Mouettes et les Rochers-Rouges,
à Menton* (1878). L'adjonction au paysage de figures et d'animaux marque une autre étape dans la carrière déjà brillante du
jeune peintre. L'essai lui réussit pleinement : *Religieux trappistes revenant du bois, pendant l'hiver* (Salon de 1876), *Trappistes travaillant dans une forêt, pendant l'hiver* (1877), *L'abreuvoir du couvent* (1878), permettent d'en juger et d'attendre
mieux encore de l'élève de Meissonier. Toujours fidèle au lac des
Quatre-Cantons, M. Robinet en envoie cette année deux nouvelles
vues : *Le Kindlismord* et *L'Uri Rothstock, au soleil levant*.
L'une et l'autre sont d'un heureux choix et d'une extrême sincérité. Qu'on étudie les galets de la rive, les blocs de rochers et les
sapins du premier plan, les eaux azurées du lac, ou le massif alpestre du fond, on verra que chaque partie, si soigneusement
traitée qu'elle soit, occupe juste sa place et concourt, à un égal
degré, à l'effet d'ensemble. Rien de trop dans cette finesse de dé-

tails; rien de mesquin dans ce rendu buriné, incisif. L'impression générale est vraie, aussi vraie qu'elle peut l'être, eu égard à la difficulté de donner, en un espace restreint, l'idée exacte d'une immense nappe d'eau et de montagnes grandioses. Si M. Robinet prend à tâche de lutter contre cette difficulté, il faut avouer qu'il s'en tire avec honneur. Il emploie un art infini à établir les plans, à ménager la perspective, à imprégner ses toiles d'air et de lumière. Et maintenant, si le cœur vous en dit, Messieurs les critiques, traitez ce talent de minutieux, de subtil, reprochez-lui de manquer de largeur et de souplesse; trouvez cette exécution sèche, lisse, polie, méticuleuse : à votre aise ! Ni l'artiste ni moi ne nous en formaliserons.

Je suis éclectique et je ne crains pas les contrastes. A ce double titre, je n'éprouve aucun embarras à passer de M. Robinet à M. Vernier (1). L'estime que je professe pour l'un ne préjudicie nullement à l'autre : j'admire, je loue, sans exclusion ni préférence obstinée, les manières les plus opposées d'interpréter la nature, quand elles me frappent par cette franchise de sentiment, cette faculté créatrice, cet accent personnel qui constituent l'apanage des privilégiés de l'art. M. Vernier est de ceux-là. Il ne lui a pas suffi d'être le premier lithographe de notre époque : las de briller dans cette spécialité, il l'a quelque peu délaissée pour la peinture, et je le soupçonnerais presque de dire maintenant, comme Panurge : « J'aime fort les graveurs en taille-douce et me semblent gens de bien, mais pour rien au monde je ne voudrois l'estre. » Sans aller pourtant jusque là, et tout en poursuivant le cours de ses travaux lithographiques, il a résolûment échangé le crayon contre le pinceau et poussé une pointe dans le paysage. Le succès ne tarda pas à justifier son ambition. Il débuta par de consciencieuses études d'après nature : *Vue près de Besançon,*

(1) Vernier (Emile-Louis), né à Lons-le-Saunier, élève de M. Collette (pour la lithographie); médailles 1869 et 1870 (section de gravure et lithographie; hors concours dans cette section); médaille Exposition universelle de Vienne 1873 (même section); mentions honorables 1877 et 1878 (peinture); médaille 3e classe 1879 (id.).

*Vallée de l'Ain* (Salon de 1864), *Parc à Champigny* (1865), *Une rue à Champigny*, *Vue à Champigny* (1866), *Les bords du Doubs, Chemin sous bois* (1867), *Le village d'Avanne (Doubs), Les bords de la Loire* (1868), *Vue à Cléron (Doubs), Les bords de la Loue* (1869), *Ferme à Vaucotte (Seine-Inférieure)* (1870), etc. A partir de 1870, il aborda les marines et devint rapidement un des maîtres du genre. *Plage près d'Etretat* (Salon de 1870), *Bateau 774 d'Yport, Plage d'Yport* (1872), *Rocher à Yport, Marée basse à Yport* (1873), *Les Martigues, étang de Berre (Bouches-du-Rhône), Le bassin du carénage, port de Marseille, Les bateaux de Cancale* (1874), *Un bateau de Cancale, Le retour du Bas-de-l'eau* (1875), *La tour des Pleureuses à Amsterdam, Paysans de Wissant allant chercher de l'eau de mer* (1876), vinrent coup sur coup asseoir sa réputation sur de solides bases. Le jury, cependant, lui fit longtemps attendre ses faveurs. Au Salon de 1877, une tardive mention honorable fut décernée à l'un de ses envois, *Bateaux séchant leurs voiles,* excellente marine, que la ville de Besançon a achetée pour son musée. L'année suivante, il obtint une nouvelle mention honorable, des plus méritées, avec *Cour de ferme à Attainville (Seine-et-Oise),* et surtout *Avant le grain, à Grand-Camp (Calvados),* œuvre vraiment magistrale acquise par l'État et qui, aujourd'hui, représente dignement au Luxembourg le talent de son auteur. Notre compatriote ne s'est pas arrêté en si beau chemin : en dehors d'un tableau de chevalet, très fin de ton et très juste d'aspect, *La Seine à Bercy, en décembre 1878,* une grande toile, *Les pêcheuses de varech à Yport,* lui a, cette année, valu encore une médaille, gagnée non moins vaillamment que les distinctions précédentes. Une forte brise agite la mer au reflux ; les vagues, courtes, pressées, déferlent en clapotant sur le rivage; de grosses nuées sombres courent dans le ciel, annonçant la bourrasque ; aussi les pêcheuses se hâtent de râteler le varech et d'achever à temps leur peu lucrative et fastidieuse tâche. La scène est d'un effet puissant. Ce ciel plombé, cette mer inquiète, ces deux groupes de femmes âpres au travail, vous font ressentir l'émotion même de la réalité. M. Vernier possède à un haut point la simplicité et la grandeur ; il sait observer en poëte et traduire en artiste les imposants spectacles de l'Océan, les falaises ardues, les plages accidentées, les profonds horizons où se confondent ces deux sublimes infinis, le ciel et la mer. La couleur est superbe, chaude et harmonieuse, l'exécution ferme, robuste ; parfois, cependant, on y constate un peu de lourdeur et de dureté ; mais, au surplus, quelle audacieuse verve de brosse, quelle richesse, quelle vigueur de pâte ! *Les pêcheuses de varech* ont un air de parenté avec les plus belles marines de Courbet ; elles en rappellent la fougue, l'ampleur, l'intensité. Les saurais-je louer mieux ?

J'ai un faible pour M. POINTELIN (1), je ne m'en défends pas. Sa conception esthétique du paysage, son style, sa note à part, sa manière même, exercent sur moi une séduction irrésistible. De tous nos artistes franc-comtois, nul, à mes yeux, n'a plus le sentiment et ne rend mieux l'impression idéale de la nature. La nature, il est initié à toutes ses poésies, à l'admirable variété de ses aspects, à ses secrètes et mystérieuses beautés, inaperçues du vulgaire ; il vit en communion étroite avec elle. Le *genius loci* a pour lui un clair, un éloquent langage ; l'âme des choses, cette âme partout cachée au sein de l'univers,

> Qui s'attache à notre âme et la force d'aimer,

trouve en lui un divinateur attentif, un croyant convaincu et un fidèle interprète. L'amour profond, ému, de la nature, la compréhension intime des sites champêtres, constituent à M. Pointelin une rare et puissante originalité. Les prétendues théories nouvelles ne sont pas les siennes, mais les vieilles recettes classiques ne le satisfont pas davantage ; la reproduction triviale de la réalité, si en honneur de nos jours, lui paraît un genre aussi faux que le paysage froid et théâtral d'il y a soixante ans. Il ne se contente point de l'observation extérieure, de la ressemblance superficielle : il veut le choix et l'entente de la composition, il

(1) Pointelin (Auguste-Emmanuel), né à Arbois, élève de M. Maire ; mention honorable 1876 ; médaille 3e classe 1878.

cherche le sentiment, le style, l'intensité de l'effet, le libre accent, en un mot, les multiples éléments de l'inspiration créatrice. Par-dessus tout, il a horreur du poncif, du banal, du convenu. Épris du beau et du vrai, doué d'une singulière délicatesse de perception analytique, en même temps que d'une haute faculté de synthèse, il pénètre son sujet en poète et en penseur avant de le traduire par le pinceau. Le motif est toujours d'une absolue simplicité : un plateau aride, un vallon, une prairie, une clairière, des eaux tranquilles, quelques arbres au bord d'un ruisseau ou d'une mare; ni personnages, ni animaux, ni constructions; mais l'habile combinaison et l'harmonie des lignes, l'exactitude des traits caractéristiques, la belle ordonnance et l'unité de l'ensemble, l'exquise saveur de l'impression générale, prêtent à cette simplicité de la noblesse et de la grandeur. Tel de ces sites, qui vous est familier, ne vous offre, à première vue, rien de bien frappant; vous l'avez traversé cent fois sans le remarquer, ou en y jetant à peine un regard distrait; et cependant, transporté sur la toile, il vous saisit, il provoque en vous la délicieuse émotion de l'idéal, de la révélation et du souvenir. Pour opérer ce prodige, il a suffi au peintre de voir avec d'autres yeux que vous, de s'imprégner de ce qu'il voyait, puis de fixer, comme il l'a compris, le résultat de son intuition. Il a bien représenté le site, mais il l'a transfiguré, il lui a imprimé un cachet unique, il l'a, en quelque sorte, animé de sa pensée. C'est en vivifiant ainsi le paysage que M. Pointelin arrive à cette séduction irrésistible dont je parlais tout à l'heure. Ses tableaux sont autant d'amis qu'on a plaisir à reconnaître, à retrouver, autant de poèmes chers aux amoureux du plein air et des paisibles solitudes; ils invitent au recueillement, à la rêverie, ils reposent l'esprit, ils élèvent l'âme devant les splendides spectacles que sans cesse la nature prodigue à ses adorateurs. Je n'ai pas besoin d'autre criterium pour juger les œuvres de cet artiste, je me plais à subir leur charme et voudrais n'avoir pas à en raisonner. Maudite soit la critique qui m'oblige à trancher du pédant pour discuter froidement mes prédilections, et, qui pis est, du bourreau, pour disséquer à vif, de gaieté de cœur, ce talent d'une sympathie si communicative et d'une si incontestable supériorité. Notre compatriote, il est vrai, n'a guère à redouter l'examen, quelque rigoureux fût-il. A part un peu de monotonie dans le sujet, d'étrangeté de prime abord et de recherche systématique dans le genre, de parti pris dans la couleur, d'uniformité dans la facture, je m'ingénie en vain à découvrir un endroit vulnérable; il ne me reste qu'à louer. Sur ce terrain-là, je suis à l'aise; la matière, pour ce chapitre, ne m'a point manqué jusqu'ici et continuera à ne pas me faire défaut. J'ai essayé déjà de donner un aperçu du style, du sentiment, de la poésie, de l'inspiration, qui assignent à M. Pointelin une place spéciale — celle de novateur — dans le domaine de l'art contemporain; j'ai applaudi vivement à sa conception élevée du paysage, à toutes les qualités qui, chez lui, présentent un heureux contraste avec les tendances déplorables d'une école trop à la mode aujourd'hui; j'ai maintenant à compléter mon esquisse et à résumer mon appréciation. Ni convention ni fantaisie, ni réalisme brutal ni réminiscence de traditions surannées : M. Pointelin est lui-même; ce qu'il vaut, il ne l'a emprunté et ne le doit à personne; s'il s'intitule modestement l'élève du professeur de dessin du collège d'Arbois, il n'a, à vrai dire, jamais servi sous aucun maître, pas plus que cédé à la vaine gloire d'attirer à sa suite la foule obséquieuse des imitateurs. La nature, sa première initiatrice, a été sa seule école; à cette maîtresse idéale, il a voué un culte sans partage, le culte passionné et discret d'un amant; c'est ainsi que, sous l'esthéticien, sous le peintre, il se révèle toujours, poursuivant une chère vision, absorbé dans la contemplation intérieure de l'image qui le captive. De là, le caractère, la poésie pénétrante de ses paysages; de là, son genre, neuf, personnel, à la fois robuste et délicat, mâle et attendri, fait d'élégance, de finesse, de simplicité et de distinction, avec une nuance de mélancolie sereine qui va droit au cœur. Ses *Matins*, ses *Soirs* sont autre chose que de jolis décors agencés plus ou moins habilement par des copistes sans âme : ils ont un style propre, une physionomie particulière, à les discerner d'entre mille; on y sent l'espace, l'air, la lumière, la vie; ils s'adressent non seulement aux yeux, ils parlent à l'esprit, ils le mettent en communication immédiate avec la nature et facilitent son essor vers les sphères supérieures d'où l'intelligence embrasse toutes les merveilles, perçoit toutes les symphonies de la création. Je connais peu d'artistes aussi experts que lui à obtenir ce résultat; je n'en vois pas qui produisent cet effet par une telle sobriété de moyens. Rien d'éclatant ni de tapageur, pas de colorations outrées : une tonalité presque monochrome, d'une unité plus saisissante que toutes les oppositions de couleurs. La sincérité, la bonne foi du rendu est extrême, l'exécution savante, la touche franche et hardie. Je ne me lasse pas non plus d'admirer l'assiette des plans, la profondeur des ciels, la transparence de l'atmosphère, la limpidité des eaux, la légèreté des feuillés. J'abuserais de l'éloge, que la vérité n'aurait pas à en souffrir. — Ennemi de la réclame et du bruit, en dehors des coteries qui se disputent avec avidité les faveurs et les récompenses officielles, M. Pointelin a, un beau jour, conquis la notoriété par la seule force de son mérite, par le seul ascendant de son talent. Il compte déjà de nombreux et brillants succès : *Le plateau, souvenir des montagnes*, *Soleil du matin chassant les brouillards* (Salon de 1866), *Aurore* (1869), *Soir d'automne* (1870), *Le puits du Moustier, Côte-d'Or* (1874), *Le bief d'Arèze* (1875), *Sur un plateau du Jura, l'automne* (1876) — un chef-d'œuvre dont l'État a récemment enrichi le musée de Dole, — *Un vallon dans le Jura* (1877), et, enfin, *Une prairie dans la Côte-d'Or*, cette superbe toile que, l'année dernière, le jury a médaillée à l'unanimité (1), réparant ainsi la rigueur qu'il avait témoignée à l'artiste en lui décernant seulement une mention honorable au Salon de 1876. Les deux sujets exposés aujourd'hui par l'auteur continuent dignement, malgré leurs modestes proportions, la série de ses envois. On y retrouve, en effet, au même degré que dans ses tableaux d'une plus grande importance, le style élevé, le sentiment poétique, la note individuelle, qui marquent, à ne pouvoir s'y méprendre, la moindre de ses ébauches. — *Un taillis, le*

(1) L'État, qui l'a acquise, vient d'en faire don au musée de Sens.

*matin*. Ce taillis borne l'horizon. Au second plan, la lisière du bois; sur le devant, une prairie avec une mare à gauche, et à droite un bout de chemin. Le motif, comme d'habitude, est peu compliqué; mais que de grâce, que de charme, dans cette simplicité! Corot lui-même ne peint pas mieux quand il raconte à un ami ses jouissances de paysagiste allant, sur place, étudier la campagne au matin; et cependant, son croquis à la plume est ravissant, il en vaut un au pinceau: « Voyez-vous, c'est charmant, la journée d'un paysagiste: on se lève de bonne heure, à trois heures du matin, avant le soleil; on va s'asseoir au pied d'un arbre, on regarde et on attend. On ne voit pas grand'chose d'abord. La nature ressemble à une toile blanchâtre où s'esquissent à peine les profils de quelques masses; tout est embaumé, tout frissonne au souffle fraîchi de l'aube. *Bing!....* Le soleil s'éclaircit.... Le soleil n'a pas encore déchiré la gaze derrière laquelle se cachent la prairie, le vallon, les collines de l'horizon.... Les vapeurs nocturnes rampent encore comme des flocons argentés sur les herbes d'un vert transi. *Bing!.... Bing!....* Un premier rayon de soleil.... un second rayon de soleil.... Les petites fleurettes semblent s'éveiller joyeuses.... elles ont toutes leur goutte de rosée qui tremble.... Les feuilles frileuses s'agitent au souffle du matin.... Sous la feuillée, les oiseaux invisibles chantent.... il semble que ce sont les fleurs qui font leur prière.... Les amours à ailes de papillons s'abattent sur la prairie et font onduler les hautes herbes.... On ne voit rien.... tout y est.... Le paysage est tout entier derrière la gaze transparente du brouillard, qui monte.... monte.... monte..... aspiré par le soleil.... et laisse, en se levant, voir la rivière lamée d'argent, les prés, les arbres, les maisonnettes, le lointain fuyant.... On distingue enfin tout ce que l'on devinait d'abord.... *Bam!* le soleil est levé.... *Bam!* le paysan passe au bout du champ avec sa charrette attelée de deux bœufs.... *Ding! ding!* c'est la clochette du bélier qui mène le troupeau.... *Bam!* tout éclate, tout brille.... tout est en pleine lumière.... lumière blonde et caressante encore. Les fonds, d'un contour simple et d'un ton harmonieux, se perdent dans l'infini du ciel, à travers un air brumeux et azuré.... Les fleurs relèvent la tête.... Les oiseaux volètent de ci de là.... Les petits saules arrondis ont l'air de faire la roue au bord de la rivière.... C'est adorable !.... et l'on peint.... et l'on peint !.... (1) » Le tableau de M. Pointelin est une réalisation de cette idylle matinale ; c'est la nature à son réveil prise sur le fait et interprétée par une palette enchanteresse. On dirait, avec l'auteur des *Orientales,*

> ...... que le jour tremble et doute, incertain,
> Et qu'ainsi que l'enfant, l'aube pleure de naître.

La clarté naissante colore faiblement les objets ; une opacité vaporeuse enveloppe les arbres, l'herbe, les fleurs, tout humides de rosée ; des teintes gris terne et bleu pâle estompent confusément le ciel. Voici enfin l'aurore, annonçant le joyeux et rayonnant éclat du jour. — Une prairie, quelques saules penchés sur l'eau : vous avez *Une saulée le soir.* Le soleil a disparu, tout s'éteint et s'efface ; victorieuse des dernières lueurs du crépuscule, l'ombre envahit l'atmosphère, gagne le sol et étend partout son immense voile sombre. La nuit va bientôt allumer ses myriades d'étoiles ; à l'horizon, la lune se cache derrière la colline et commence à propager une lumière mate, indécise. Embaumée de senteurs printanières, la brise tiède encore agite les saules d'un léger frissonnement. On croirait presque que les ténèbres les épouvantent, ces pauvres saules ; ils semblent anxieux de ne plus trouver dans l'eau le reflet de leurs longues branches ; ils paraissent inquiets de profiler à peine une silhouette indistincte sur le ciel déjà obscur. Cependant, autour d'eux, règnent le calme et la tranquillité : la campagne tout entière s'est assoupie. Plus de bruit, et pourtant ce n'est pas le silence ; au loin, dans la campagne, c'est comme un vague concert d'êtres invisibles qui chuchotent doucement entre eux, se parlent, se répondent à voix basse ; les mille harmonies du soir murmurent l'hymne du sommeil. Cette *saulée* est une belle page de plus à ajouter à l'avoir du peintre ; elle impressionne non moins vivement qu'*Un taillis, le ma-*

(1) J'arrête là, à regret, cette citation. Jules Claretie donne la lettre entière dans ses *Peintres et sculpteurs contemporains* (librairie Charpentier), pages 5-7.

*tin*. Je plains les sceptiques et les blasés qui passent indifférents devant de pareilles évocations de la nature.

M. Ordinaire (1) peut, sans forfanterie, revendiquer le titre d' « élève de Courbet. » Je ne vais point jusqu'à le proclamer, à l'exemple de quelques amis trop enthousiastes, « l'émule » du maître d'Ornans, mais je n'hésite pas à voir en lui, sinon l'héritier universel d'un paysagiste qu'on ne remplacera pas, du moins son légataire principal, et, à certains égards, son continuateur. La succession est encore assez jolie comme cela. Après avoir côtoyé une voie si glorieusement parcourue, M. Ordinaire, tout en restant disciple fidèle, a pris à travers bois et s'y est, lui aussi, frayé son sentier. A ses débuts, *Le ruisseau de la Brême* (Salon de 1869), le *Ruisseau, près de Maisières* (1870), ont succédé des œuvres pleines de promesses : *Sous les saules, à Maisières, Le ravin du Puits-Noir* (1875), *Le ravin de la Brême* (1877), *Étude, effet d'hiver* (1878). Cette année, il gagne bravement ses galons avec *Le ruisseau du Puits-Noir (Doubs)*. Le jeune artiste s'est inspiré d'un des sites les plus attrayants du sol natal. La gorge s'enfonce en un profond encaissement; à gauche, dans l'ombre, de grands rochers gris et des hêtres élancés aux luxuriantes frondaisons; plus loin, à droite, d'autres rochers et un taillis inondés de soleil. Au fond, apparaît au milieu du feuillage un radieux coin de ciel. Au premier plan, sous des dômes de ramures, le ruisseau court entre les pierres, les tussilages et les mousses. Ici, la fraîcheur et la demi-obscurité des bois; là, l'explosion de la lumière et l'ardeur torride de l'été. Les éclats de soleil qui illuminent un des flancs du ravin projettent une tache vibrante en opposition hardie avec la tonalité sombre de tout le reste. Jamais M. Ordinaire n'a mieux traité un de ses sujets de préférence. Et cependant, plus d'une restriction est nécessaire. Ne serait-ce d'abord que la dimension exagérée de la toile : elle est gigantesque, en long, en large, elle n'en finit plus; réduite de moitié, elle couvrirait encore un bon pan de mur. Le public et

(1) Ordinaire (Marcel), né à Maisières (Doubs), élève de Courbet et de Français; médaille 3e classe 1879.

le jury lui-même ont beau encourager cette tendance à faire le
paysage presque de grandeur naturelle, cette manie de donner
des proportions énormes à des motifs qui ne comportent vraiment pas une extension pareille, il n'en est pas moins permis de
juger le symptôme inquiétant et l'expérience fâcheuse. On tombe
ainsi dans le décor, dans l'esquisse sommaire, lâchée, où le for-
cement de la note tient lieu de fini et l'éparpillement de concen-
tration. M. Ordinaire, jusqu'à présent, échappe à ce défaut ; qu'il
prenne garde de ne s'y point laisser insensiblement entraîner.
L'unité, chez lui, est déjà le point faible : trop de morceaux, trop
de détails, fins et justes, je l'accorde, mais encombrants et préju-
diciables à l'effet d'ensemble : ils surchargent et amoindrissent le
sujet. J'aurais à critiquer aussi certain papillotement de couleurs,
certains tons un peu conventionnels ; mais, en somme, je m'empresse de le dire, il y a dans cette toile une vérité, une franchise
d'aspect, un parfum agreste, une richesse de coloris, une recherche du dessin et du modelé, une ampleur de manière, une verve
d'exécution qui suffisent amplement à justifier la médaille accordée à l'auteur, et l'acquisition de son tableau par l'État (1). —
*L'hiver à Maisières*, sans avoir la même importance, est une
étude consciencieuse, sincère et intéressante. L'âpre température
de décembre sévit avec rigueur ; la neige couvre entièrement la
campagne ; de tous côtés, des perspectives mornes, désolées. A
l'horizon, le soleil couchant empourpre à regret, de lueurs striées,
un ciel pesant, grisâtre, sans clarté. En avant, derrière un pli de
terrain, quelques toits de chaumières se détachent à peine sur
l'uniforme teinte générale ; la rivière, aux eaux glauques, préci-
pite son cours, espérant par là se dérober à la prison glaciale
dont la menace le froid ; sur la rive, les saules, poudrés de givre,
ont l'air de souffreteux qui grelottent, en branlant leur tête
blanche ; les peupliers ressemblent à de longs cadavres rigides,
plantés en terre pour effrayer les passants. Plus de verdure, plus

(1) *Le ruisseau du Puits-Noir* est destiné au musée de Montbéliard. L'É-
tat l'a envoyé, après la fermeture du Salon, à l'Exposition des Beaux-Arts
de Munich.

de fleurs, plus de chants d'oiseaux : la nature est morte; l'hiver, son assassin, l'a enveloppée déjà du linceul des trépassés; les corbeaux vont présider à l'enterrement, en guise des sinistres hommes noirs des pompes funèbres. Partout plane une brume de tristesse et de deuil. M. Ordinaire a brossé habilement ce paysage hivernal; l'impression est bien saisie, malgré quelque lourdeur dans la tonalité, sans compter les négligences et les inégalités qui accusent une hâte excessive dans l'exécution.

Le ruisseau du Puits-Noir est le plus privilégié des ruisseaux. Dans notre pittoresque province, il n'est guère, de nos jours, de coins aussi chéris des artistes. Courbet en a été le Christophe Colomb et lui a consacré une de ces toiles enlevées dont il a emporté le secret; Français, après lui, l'a célébré au pinceau et mis définitivement en vogue; depuis, M. Rapin, au Salon de 1873, et M. Fanart, au Salon de 1878 — pour ne citer que ceux-là, — ont, à leur tour, publié ses louanges; cette année, il a servi de thème à deux nouveaux paysagistes franc-comtois : M. Ordinaire, que je quitte à l'instant, et M. ISENBART (1), de qui je vais parler. Je partage, de tous points, une admiration si unanime pour ce gentil ruisseau perdu au fond d'une gorge resserrée, et ce n'est certes pas moi qui traiterai sa réputation de surfaite; mais, cependant, il ne faut pas arriver à l'idolâtrie et à l'exclusivisme. Répétée trop souvent, la plus belle mélodie devient fastidieuse, presque énervante; il en est de même pour un site sans cesse reproduit. Croyez-moi, messieurs les peintres, laissez un peu en paix maintenant le Puits-Noir; autrement, les Parisiens s'imagineront que c'est une merveille unique dans le pays que Charles Nodier a appelé, non sans raison, « la préface de la Suisse » et « l'Écosse de la France. » En attendant qu'on écoute mon avis, je suis heureux de rendre hommage au talent qu'a déployé M. Isenbart pour interpréter ce fameux *Ruisseau du Puits-Noir (Doubs)* d'une manière neuve, personnelle, attrayante; tâche difficile, à coup sûr, quand les devanciers se nomment Courbet, Français, et les concurrents, Rapin, Ordinaire, etc. Si le dernier venu n'a

(1) Isenbart (Émile), né à Besançon, élève de M. Fanart.

pas la prétention de vouloir rivaliser avec les uns, il soutient la comparaison avec les autres. Membre du jury, j'eusse été fort embarrassé, je l'avoue, d'avoir à opter, pour une médaille, entre M. Ordinaire et M. Isenbart. Le premier, il est vrai, a plus de verve, plus d'accent, plus de largeur dans le faire, de vigueur dans la touche, de brillant dans le coloris; le second, en revanche, a plus de style, d'unité dans la composition, de finesse, de grâce et de légèreté. Mais, il ne s'agit pas d'établir ici un parallèle; je prends donc congé du lauréat pour m'occuper exclusivement du futur médaillé. M. Isenbart, en effet, ne saurait tarder de l'être; d'aucuns même — et je suis du nombre — trouvent qu'on le fait quelque peu attendre. Sa *Prairie de Voray (Haute-Saône)*, admise à l'Exposition universelle de 1878, a été citée, par des juges compétents, comme une œuvre de valeur, accentuant des qualités qu'attestent, depuis plusieurs années déjà, de belles et bonnes pages adressées au Salon : *Forêt de sapins* (1872), *Bords du Dessoubre à Consolation (Doubs), Intérieur d'une forêt de sapins* (1873), *Chemin sous bois* (1874), *Le Val-Noir, à Consolation, Terrasse du couvent de Consolation, Intérieur de forêt* (1875), *Source du Dessoubre, Fontaine de Plougastel (Finistère)* (1876), *Ravin à Vitznau, Les bords du Doubs* (1877), *Dans les bois* (1878). Vues de Franche-Comté, de Suisse ou de Bretagne, intérieurs de forêts de sapins, chemins sous bois, prairies, rochers, vallons, bords de rivières, fontaines rustiques, falaises, etc., ce débutant en voie de passer maître aborde tous les genres et réussit dans tous avec un égal bonheur. Il procède par éclectisme; seulement, son éclectisme n'a rien de mesquin ni d'étroit. Un sentiment très vif de la nature le porte à chercher le beau sous les formes les plus diverses. Nul ne sait mieux que lui choisir, coordonner et faire valoir un motif. Ses tableaux ont une élégance, un charme, une harmonie discrète, une intimité, une poésie, qui attirent et retiennent; l'air y circule, le jour y luit; l'ensemble a une unité, une homogénéité parfaite; pas une dissonance, pas une partie disparate, pas un détail superflu; un goût châtié, un art consommé président à l'arrangement en vue de l'effet général. La coloration est fine et douce, la facture moëlleuse et délicate, la distribution des ombres et des lumières habilement combinée, l'aménagement et la gradation des valeurs irréprochables. Les lavandières, les bûcherons, les moissonneurs, les pâtres, que le peintre jette souvent au milieu de ses paysages, ne sont point des accessoires risqués ou inutiles; soigneusement étudiées, bien en place, vivantes, ces figures animent la scène où elles se meuvent et en complètent l'impression. Les animaux, quand il y en a, ont, eux aussi, leur raison d'être et leur contingent d'intérêt: ils sont toujours pris sur nature, posés juste où il faut, et traités à la façon franche, résolue, d'un spécialiste rompu au métier. Le seul conseil que je me permettrais d'adresser à M. Isenbart, s'il avait à m'en demander, serait de lâcher moins la bride à sa facilité. La facilité offre, sans contredit, des ressources précieuses, enviables, mais à la condition expresse qu'on ne lui abandonne point le mors. Livrée à elle-même, la perfide fait des siennes : elle perd en monotonie ce qu'elle gagne en célérité, elle réduit le beau aux proportions du joli, elle tue l'originalité, trop aisément elle se déclare satisfaite d'une médiocrité un peu banale, d'un modelé vague et d'un dessin superficiel. Loin de moi la pensée de vouloir insinuer de semblables critiques à l'endroit de M. Isenbart : jamais procès de tendance ne serait plus mal fondé; je n'ai pas d'autre intention que de lui signaler à distance un dangereux écueil. *Le ruisseau du Puits-Noir* et *Les roches de Plougastel (Finistère)*, qu'il expose aujourd'hui, empêchent, d'ailleurs, tout soupçon à cet égard. Personne ne sent et n'admire autant que moi la fraîcheur, la grâce printanière dont l'artiste a imprégné le motif franc-comtois, le caractère et l'imposante sévérité que revêt, sous sa palette, la falaise bretonne aux escarpements abrupts parsemés de bruyères et de genêts, avec l'Océan au bas, et, au sommet, un vieux dolmen. Une médaille au prochain Salon mettra le sceau à des succès si constants : il n'est pas besoin d'être grand prophète pour l'annoncer d'avance; et, comme on dit au Palais, ce sera justice.

Je passe du disciple au maître. M. Fanart (1) ne m'en voudra pas de la priorité accordée ici à son élève. En peinture, de même qu'en politique et en beaucoup d'autres sphères d'action, la vaillante jeunesse aspire à faire sa trouée, à conquérir, elle aussi, sa place au soleil. C'est la marche fatale des choses humaines, c'est la loi du progrès. L'art surtout est une démocratie où l'axiome : Place aux jeunes, reçoit son application la plus directe. Pourquoi aussi les jeunes poussent-ils l'outrecuidance jusqu'à égaler et même dépasser les anciens ? — « M. Isenbart, écrivais-je il y a quelques années, est un élève qui fait honneur à M. Fanart ; je prononcerais peut-être le mot de concurrence, si la manière de l'un était celle de l'autre ; mais il n'en est rien. M. Fanart semble appartenir, en peinture, à l'école littéraire de Victor Hugo ; M. Isenbart rappellerait plutôt George Sand. L'un voit mieux, l'autre sent davantage ; l'un rend la campagne, l'autre la nature ; l'un aime les grandes lignes, les masses, les larges horizons, l'autre les coins discrets avec leurs détails pittoresques et leur intimité ; l'un a plus d'envergure, l'autre plus de charme. » Et j'ajoutais, sans marchander l'éloge : « Habileté de mise en scène, vérité d'aspect, couleur chaude, facture ferme et solide, ampleur des lignes, valeur proportionnelle des plans, profondeur des ciels, transparence des eaux, circulation de l'air, M. Fanart possède à un haut degré ces qualités rares. Il a la pleine saveur rustique, l'impression calme et sereine de la campagne, l'intuition du paysage franc-comtois ; en unissant la puissance de l'exécution à la franchise du sentiment, il cumule tous les dons (2). » Si j'avais à me prononcer aujourd'hui, j'aurais à apporter quelques restrictions à mon jugement d'il y a trois ans, et à faire pencher davantage la balance en faveur de M. Isenbart. L'élève a pris les devants et laissé le maître en arrière. Dans *Le château de Sion (Valais)*, la couleur est robuste, le dessin serré, la touche sûre ; le ciel a des nuages tourmentés d'un beau mouvement ; les pre-

(1) Fanart (Antonin), né à Besançon, élève de Diday.

(2) *L'Exposition franc-comtoise des Beaux-Arts à Lons-le-Saunier* (1876), p. 12-14.

miers plans sont soigneusement étudiés, les terrains et les rochers vigoureusement construits; mais, si bien que la sombre forteresse féodale se détache sur le ciel, ce colosse de pierre occupe trop d'espace dans le tableau; il ne devrait y figurer qu'en accessoire du paysage, à l'état de silhouette lointaine dominant les alentours; par malheur, l'accessoire est devenu le point principal et l'unique objectif de la composition. Il ne s'agit plus dès lors que d'un morceau d'architecture froid, monotone et d'un gris désespérant. — *Un vallon dans le Jura* présente, sous le rapport de l'exécution, la plupart des qualités que je louais, en 1876, chez M. Fanart; cependant, le choix du sujet n'est pas des plus heureux; ce joli vallon a le tort de mal commencer et de ne pas finir; on s'y perd; les détails en sont réussis, mais l'ensemble ne se tient pas; on dirait un croquis agrandi outre mesure et combiné, à la diable, de différents souvenirs. J'y note aussi des contrastes d'ombres opaques et de pleine lumière trop durement accentués. En somme, ces deux toiles, malgré leur réelle valeur, n'éclipseront ni *Le découplé* et *La chasse au chevreuil*, du Salon de 1869, ni le *Bouquet de saules* et *Une grange à Aix-les-Bains*, de l'Exposition des Beaux-Arts de Lons-le-Saunier (1876), ni *Le ruisseau du Puits-Noir*, du dernier Salon, ni bon nombre d'œuvres antérieures qui ont consacré la réputation de M. Fanart.

M. BOUDOT (1) est une nouvelle connaissance pour le public parisien; moi-même j'écris son nom pour la première fois; mais, ou je me trompe fort, ou cet ignoré d'hier sera célèbre demain. En tous les cas, j'ai hâte d'ajouter ce saint encore inédit au calendrier de nos meilleurs paysagistes franc-comtois. S'il continue comme il a commencé, je lui garantis des dévots à foison. M. Boudot a fait un excellent début au Salon de 1877 : *Aux dernières feuilles* et *Après la pluie* promettaient ce qu'on appelle, en langage d'atelier, un tempérament. A la même époque, il commençait à s'affirmer à l'Exposition des Beaux-Arts de Besançon, avec un portrait hardi, *Une source, en automne*, remar-

(1) Boudot (Léon), né à Besançon, élève de MM. Français et Rapin.

quablement traitée, et un ravissant dessin à l'encre de Chine traduisant comme il mérite de l'être un des derniers chefs-d'œuvre de Français : *Le miroir de Scey, à la tombée de la nuit, souvenir de Franche-Comté.* Au Salon de 1878, le jeune peintre a accentué ses progrès dans un paysage qui n'est pas resté inaperçu des connaisseurs : *Un matin en descendant la Louc, en Franche-Comté.* Cette fois-ci, il donne la preuve d'un talent déjà mûr et acquiert au concours ses lettres de maîtrise, prêt à entrer en lice, à la prochaine occasion, pour disputer à cent rivaux une de ces médailles que le jury accorde si difficilement aux artistes de province. Il se dispose à la lutte en s'attaquant à M. Rapin, ou, du moins, en se rencontrant, par un étrange hasard, sur le même terrain que lui. *Le matin, en Franche-Comté,* est, effectivement, à quelques détails près, la reproduction identique du motif interprété, cette année, par M. Rapin sous le titre : *Le matin dans le Valbois.* Les deux tableaux sont en présence — une ou deux salles seulement les séparent; — ils provoquent la comparaison, et, ma foi, M. Boudot soutient assez bien un aussi périlleux voisinage. J'apprécie cette résolution, j'aime cette audace. J'aime moins, par exemple, l'épigraphe qu'a choisie l'auteur pour son sujet : « Là sont les vallons ombreux qui se cachent mystérieusement « au pied des bois et s'enfuient au loin avec leur rideau de ver-« dure et leur ruisseau perdu sous les branches. » La description est aussi infidèle que banale. Laissons-la au passif de l'académicien Xavier Marmier, notre compatriote, et occupons-nous de la peinture : elle vaut mieux que l'épigraphe. Au premier plan, s'étend une prairie à l'herbe luxuriante; un clair ruisseau serpente au travers. Plus loin, à droite et à gauche, le sol s'accidente de mouvements de terrain, de rochers, de collines, de bouquets d'arbres, et va se perdre, dans le fond, au pied de hautes montagnes aux masses bleuâtres. C'est encore le matin, mais à une heure plus avancée que *Le matin* de M. Rapin. Le soleil, presque perpendiculaire, darde des rayons ardents; le ciel resplendit de sérénité, l'atmosphère est déjà embrasée de ces vapeurs transparentes des chaudes après-midi de printemps; une éclatante lumière colore vivement tous les objets et accuse leurs contours, les parties rapprochées s'accentuent avec intensité, les lointains, délivrés de la brume matinale, se profilent en lignes fermes d'une tonalité vigoureuse. M. Boudot a supérieurement traduit cette belle page champêtre. Le dessin a de la souplesse et de la distinction, la couleur ne manque ni de finesse, ni d'harmonie, ni de consistance. Il y a une grande sincérité dans l'impression, et, dans le faire, une réelle habileté. Je note, en passant, un ciel des mieux réussis. Corot disait : « Quand le ciel y est, le tableau y est. Le ciel, c'est la vie du paysage. » Et l'illustre maître n'avait pas tort. Je ne vois guère à censurer que les rochers étagés à gauche : ils sont d'une coloration lourde, crue, et ne ménagent pas assez la transition entre la prairie du premier plan et les montagnes du fond. L'exécution pourrait être aussi un peu plus serrée, un peu plus incisive. Sauf ces légères réserves, je n'ai qu'à féliciter et complimenter le nouvel arrivant; l'avenir se charge du reste.

L'âge et les infirmités ont peu de prise sur le talent si justement apprécié de M. Bavoux (1). Chaque année, le sympathique président de la Société des beaux-arts de Besançon n'est pas moins exact que par le passé au rendez-vous du Palais de l'industrie, et il n'est guère d'expositions artistiques de province qui n'ajoutent quelque médaille à la liste déjà longue des récompenses qu'il y a précédemment méritées. Le choix du motif, la vérité de l'aspect, une couleur chaude et vibrante, un dessin châtié, une facture sobre, précise sans sécheresse, une touche large, de sérieuses et solides qualités, on le voit, recommandent ses paysages. Les fleurs sont aussi son domaine; il sait les grouper avec goût et rend à merveille leur velouté, leur fraîcheur, leurs nuances délicates ou éclatantes, tout en fuyant ce dévergondage de coloris et d'exécution que les peintres fleuristes, et, à leur suite, le public,

______

1 Bavoux (Charles-Jules-Nestor), né à Lac-ou-Villers (Doubs), élève de Picot et de l'École des Beaux-Arts.

affectionnent aujourd'hui. Les beaux fruits mûrs de l'automne lui procurent encore d'autres triomphes : aux Salons de 1870, 1873, 1875, 1876, 1877, 1878, ses savoureux et appétissants *Raisins* n'ont trouvé que des admirateurs. *Le rocher de la Châtelaine, en Franche-Comté*, et les *Combes du Doubs* témoignent hardiment, à cette heure, la ténacité des efforts de M. Bavoux. Ces deux grandes toiles dénotent toujours le maître épris de son art, lui restant fidèle dans les conditions les plus défavorables, et victorieux jusqu'au bout des lassitudes, des défaillances auxquelles de moins robustes auraient depuis longtemps succombé.

L'honorable directeur de l'École municipale de dessin de Besançon, M. DEMESMAY (1), est un des doyens des exposants franc-comtois. Médaillé il y a quelque trente ans, comme sculpteur, pour sa belle statue de *M*ⁿᵉ *de Montpensier*, que je me plaisais à revoir, ces jours-ci, au jardin du Luxembourg, il a appris, dès le principe, à manier le pinceau avec autant d'aisance que l'ébauchoir. L'un et l'autre lui ont servi à laisser des traces durables. Plusieurs pages suffiraient à peine à l'énumération de son œuvre. Une biographie complète sortant du cadre de ces simples notes, j'arrive rapidement au dernier envoi du peintre; le peintre, d'ailleurs, est seul ici de mon ressort. *Le creux des Massottes, dans les bois de Valais (Haute-Saône)*, donne on ne peut mieux idée de la manière de M. Demesmay. Elle n'a rien de chatoyant, elle ne fait pas le moindre sacrifice à la mièvrerie, à la préciosité, à la recherche d'un effet factice obtenu par des procédés fort discutables. L'étude consciencieuse de la nature, une simplicité sincère, la sobriété des moyens, jointes à un certain parti pris d'archaïsme, en sont les caractères dominants et lui garantissent une indéniable originalité. La couleur pourrait avoir plus de richesse, plus de vivacité, mais, en compensation, elle n'est ni heurtée ni criarde ni papillotante comme celle de tel et tel artiste renommé. Dans sa négligence un peu voulue et sa monotonie intentionnée, le faire est solide et savant. *Le creux des Massottes* ne

(1) Demesmay (Camille), né à Besançon; médaille 2ᵉ classe 1848 (sculpture). Hors concours (dans cette section).

frappe pas l'attention de prime abord, mais, après quelques mi-
nutes d'examen, on s'attarde volontiers à le considérer, et, bon
gré mal gré, le jugement devient favorable. Cette délicieuse solitude, cachée dans les bois, repose agréablement le regard. Fati-
gué, à la fin, de la prétention et du clinquant qu'étalent au Salon des centaines de paysages de toute espèce, on éprouve un
véritable délassement à s'arrêter devant une toile où le contraire
est poussé peut-être à l'excès. Quoi qu'il en soit, les qualités et
les défauts de M. Demesmay lui appartiennent en propre; il y
perce tant de bonne foi, de conviction, de personnalité, qu'on
n'a pas le droit et qu'il ne vient même pas à l'esprit d'épiloguer
sur les détails.

M. ELMERICH (1) est également l'un des doyens de la pléiade
artistique de notre province : il expose depuis l'an de grâce 1835 !
Comme M. Demesmay, aussi, il est peintre et sculpteur, et a
fourni, sans interruption, une digne carrière. Avant de se consa-
crer d'une façon presque exclusive au paysage, il a cultivé avec
succès l'histoire et le genre : témoin le *Concert religieux* (1835),
*Chactas et Atala* (1845), *Le Sueur chez les moines* (1850),
*Scène d'intérieur* (1852), *Joueur de cornemuse* (1857), *La
reine des blanchisseuses* (1865), etc. Les sites de la Franche-
Comté, et en particulier ceux du Jura, lui ont inspiré, avec les
environs de Paris, un grand nombre d'études, et plusieurs tableaux remarquables; je citerai parmi ces derniers le *Lac de
Chalain* (1850), *Bords de la Marne* (1853), *Souvenir du Jura*
(1861), *Bords d'un lac* (1866), *La Marne à Champigny* (1870),
*Souvenir de Buzenval* (1871), acheté par l'État, *Le lac* (1874), etc.
Dessins, aquarelles, fusains, eaux-fortes, aucune spécialité ne lui
est demeurée étrangère, et de chacune il a su et sait encore tirer
un excellent parti. *La vallée d'Ardenne, près de Toulon,* qu'il
présente cette année au public, n'est qu'une œuvre de proportions modestes et de second ordre : la tonalité m'en a paru un
peu lourde. Elle est juchée, il est vrai, si à perte de vue, que je

(1) Elmerich (Charles-Édouard), né à Besançon, élève de G. Guérin.

puis parfaitement me tromper. En tous les cas, je me garderai
bien de juger M. Elmerich d'après cette seule donnée; je préfère,
pour l'instant, me tenir sur la réserve et ajourner mon appréciation au Salon de 1880, où, sans doute, l'on trouvera, en meilleure place, quelque envoi important de l'auteur.

Saluons en M. Schmidt (1) un déserteur rentré enfin dans les
rangs; voilà dix ans qu'il n'a pas, que je sache, exposé à Paris.
J'ai peine à lui pardonner cette absence prolongée; cependant,
je ne veux pas me montrer trop rancunier, et je souhaite à ce
revenant une bienvenue d'autant plus cordiale que sa réappa-
rition nous ménage une surprise : elle révèle un maître animalier chez un artiste adonné jusqu'alors à l'histoire, au genre,
au portrait et à la nature morte. Non content de se distinguer
dans ces diverses branches, M. Schmidt aspire à suivre la voie
des Brascassat, des Troyon, des Rosa Bonheur, des Van Marcke,
etc. Cette glorieuse ambition lui est permise : son coup d'essai
prouve que, sans présumer de ses forces, il est à la hauteur de
la tâche. — *Prêts à partir pour le labour.* Quatre bœufs blancs et
roux, accouplés, attendent paisiblement, dans une cour de
ferme, le moment de s'acheminer à leur rude besogne de la
journée. Par derrière, le fermier sort de la grange ou de l'écurie,
et se dirige vers son attelage pour voir si tout y est en ordre, et,
après ce dernier coup d'œil, donner, de l'aiguillon, le signal du
départ. Grande et belle toile, d'un accent très individuel, d'une
rare sincérité, d'une puissante exécution. L'impression en est
lumineuse. Partout flamboie l'éclat du jour : pas d'ombre, pas
de contrastes d'opacité, à peine quelques demi-teintes pour gra-
duer et faire ressortir la vivacité des tons. On taxerait même la
couleur d'uniforme et de crue, n'était son intense énergie. Les
deux paires de bœufs, sous le joug, sont superbes de dessin et
de modelé. Quelle robuste structure! quelle justesse de mouvement! quelle fidèle interprétation de la nature! La critique la

(1) Schmidt (Louis-Lucien-Jean-Baptiste), né à Miellin (Haute-Saône),
élève de Grobon et de H. Flandrin; mention honorable 1863.

plus inquisitoriale ne sait qu'y reprendre ; elle ne trouve à exercer ses vengeances que sur la personne du fermier. Je la lui abandonne pour victime. Cette figure, il faut l'avouer, est malheureuse; bien que reléguée au second plan, elle y est encore de trop. Que M. Schmidt la supprime, et tout sera dit. Je pencherais à croire qu'en achetant le tableau, la direction des Beaux-Arts a demandé au peintre ce salutaire sacrifice. — *Un bon ménage :* les jeunes mariés comme les vieux époux s'offusqueront, peut-être, de l'attribution de ce titre à des bêtes à cornes; cela est leur affaire; le sujet, toute plaisanterie irrévérencieuse à part, n'en a ni plus ni moins de valeur. Un taureau, à l'œil torve, se passe la fantaisie de faire, à coups de langue, la toilette d'une vache de ses amies; celle-ci, touchée d'une si galante attention, ferme doucement les yeux et savoure les rugueuses caresses. On n'aperçoit le couple que jusqu'à l'encolure, mais cette décapitation n'a rien qui choque : la scène est tellement indiquée, que l'imagination supplée à l'état incomplet des animaux et reconstitue sans peine le reste de leur corps. Seulement, ce qu'on voit autorise le regret de n'en pas voir davantage. Les deux têtes se détachent en pleine lumière, vivantes, enlevées, saisissantes de relief. Même dessin serré, même fougue de coloris que dans *Prêts à partir pour le labour.* Là, il y avait un lapsus; ici, ensemble et détails, tout est à louer. En obtenant un pareil résultat dès sa première tentative, M. Schmidt contracte un engagement envers lui-même et envers le public : pour tenir les promesses de ses débuts, il doit se concentrer désormais dans le genre où il manifeste de si brillantes aptitudes. Succès oblige. Il faut que, sous peu, M. Schmidt achève de conquérir ses grades et prenne place définitive parmi les meilleurs animaliers. S'il le veut, il est capable de réaliser toutes les espérances.

J'ai terminé la revue des paysagistes franc-comtois au Salon de 1879. Avant de nous séparer jusqu'à l'année prochaine, à semblable époque, je livre à leurs réflexions une page de Diderot, qu'ils liront, je crois, avec intérêt, et peut-être avec quelque profit; abstraction faite de son engouement pour le paysage artificiel qui florissait alors, le célèbre salonnier y prodigue d'utiles conseils. « Vous croyez donc — il s'adresse à un peintre sur le compte duquel il avait à se prononcer, — vous croyez donc, M. Julliart, que, pour être un paysagiste, il ne s'agit que de jeter çà et là des arbres, faire une terrasse, élever une montagne, assembler des eaux, en interrompre le cours par quelques pierres brutes, étendre une campagne le plus que vous pourrez, l'éclairer de la lumière du soleil ou de la lune, dessiner un pâtre, et autour de ce pâtre quelques animaux ? Et vous ne songez pas que ces arbres doivent être touchés fortement ; qu'il y a une certaine poésie à les imaginer, selon la nature du sujet, sveltes et élégants, ou brisés, rompus, gercés, caducs, hideux ; qu'ici, pressés et touffus, il faut que la masse en soit grande et belle ; que là, rares et séparés, il faut que l'air et la lumière circulent entre leurs branches et leurs troncs ; que cette terrasse veut être chaudement peinte ; que ces eaux, imitant la limpidité des eaux naturelles, doivent me montrer, comme dans une glace, l'image affaiblie de la scène environnante ; que la lumière doit trembler à leur surface ; qu'elles doivent écumer et blanchir à la rencontre des obstacles ; qu'il faut savoir rendre cette écume ; donner aux montagnes un aspect imposant ; les entr'ouvrir, en suspendre la cime ruineuse au-dessus de ma tête, y creuser des cavernes ; les dépouiller dans cet endroit ; dans cet autre, les revêtir de mousse, hérisser leur sommet d'arbustes, y pratiquer des inégalités poétiques, me rappeler, par elles, les ravages du temps, l'instabilité des choses et la vétusté du monde ; que l'effet de vos lumières doit être piquant ; que vos campagnes non bornées doivent, en se dégradant, s'étendre jusqu'où l'horizon confine avec le ciel, et l'horizon s'enfoncer à une distance infinie ; que les campagnes bornées ont aussi leur magie ; que les ruines doivent être solennelles ; les fabriques déceler une imagination pittoresque et féconde ; les figures intéresser ; les animaux être vrais ; et que chacune de ces choses n'est rien, si l'ensemble n'est enchanteur ; si, composé de plusieurs sites épars et charmants dans la nature, il ne m'offre une vue romanesque, telle qu'il y en a peut-être une possible sur la terre. Vous ne savez pas qu'un paysage est plat ou sublime; qu'un paysage où l'intelligence de la lumière n'est pas supérieure, est un très mauvais tableau; qu'un paysage faible de couleur, et par conséquent sans effet, est un très mauvais tableau; qu'un paysage qui ne dit rien à mon âme, qui n'est pas dans les détails de la plus grande force, d'une vérité surprenante, est un très mauvais tableau; qu'un paysage où les animaux et les autres figures sont mal traités, est un très mauvais tableau, si le reste, poussé au plus haut degré de perfection, ne rachète ces défauts; qu'il faut y avoir égard, pour la lumière, la couleur, les objets, les ciels, au moment du jour, au temps de la saison; qu'il faut s'entendre à peindre des ciels, à charger ces ciels de nuages, tantôt épais, tantôt légers; à couvrir l'atmosphère de brouillards; à y perdre les objets; à teindre sa masse de la lumière du soleil; à rendre tous les incidents de la nature, toutes les scènes champêtres...... » Diderot continue sur ce thème; j'abrège et renvoie, pour la suite, à son *Salon de l'année 1767*.

## II.

### DESSINS, AQUARELLES, PASTELS, PORCELAINES, FAIENCES.

MM. LANÇON, COURTOIS, BILLOT, SCHUFFENECKER, DUVENT, SAUNOIS, PROGIN, POINTELIN, DES AYVELLES, M<sup>lles</sup> PERRONNE, ALLEX, GUYARD.

Dix-sept dessins à la plume, d'un franc jet, pleins de caractère, de mouvement et de vie, portent à leur angle, sous les deux initiales A. L., une signature recherchée des amateurs : A. LANÇON (1). Coins retirés et aspects pittoresques du *Vieux Paris*, scènes militaires, groupes de *Soldats*, *Trappistes* au travail, labourant, bêchant le sol, brouettant la terre, ou creusant une fosse dans le cimetière du couvent, *Trappistes* à l'église, chantant l'office ou

(1) Voir *Peinture*.

veillant un mort, M. Lançon traite tous les sujets avec une égale
puissance d'évocation. Ses paysages sont nets, précis, accentués.
Ses personnages ont le cachet de leur rôle; par l'attitude, l'allure, la physionomie, la configuration générale des individus,
par l'arrangement des groupes, l'auteur reproduit la vérité même
de la nature. Le sentiment, l'expression, s'allient chez lui à la
fécondité. Montrez-moi des fantassins plus alertes, des cavaliers
plus fringants ou plus solides en selle, des trappistes mieux oc-
cupés à leur besogne ou plus religieusement recueillis. J'allais
oublier — l'omission serait impardonnable — l'*École dans le
Jura*, ce fin croquis pris sur place à Coiserette, on peut le lire au
bas du dessin, le 16 janvier 1872. Des marmots, à l'air éveillé,
garnissent, d'un côté, les bancs; de l'autre, quelques fillettes at-
tentives. Au fond de la salle, le « maître, » debout, expose la leçon du jour, avant d'appeler un des élèves au tableau, vierge
encore de griffonnage. Au milieu de la pièce, auprès du poêle, la
femme de l'instituteur, tout en écoutant machinalement la leçon,
surveille la marmite où cuit le dîner et dodeline le petit rejeton
pédagogique. Couché à ses pieds, Azor se chauffe et trouve que,
par ce froid, il fait meilleur là qu'à la rue. Le Christ, suspendu
à la muraille, semble abaisser un regard de complaisance sur cet
intérieur patriarcal. Tout cela est naïf, charmant, et d'une scru-
puleuse exactitude; ceux qui ont visité, pendant l'hiver, les écoles
rurales de nos montagnes, ne me contrediront point.

Le *Portrait de M. A. Aublet,* par M. COURTOIS (1), réalise la
perfection du genre. Le dessin, nerveux, concis, serre le sujet,
le modelé a de la souplesse et de la vigueur, les clairs et les ombres sont habilement distribués. Je ne puis pas juger de la ressemblance, mais cette pose familière, cette tête aux traits accusés,
en offrent de sûrs indices. Au milieu des nombreuses vulgarités
admises pêle-mêle dans les galeries adjacentes du Salon, on est
heureux de rencontrer, de temps à autre, une œuvre aussi ache-
vée que celle-ci. Entre les mains de M. Courtois, si expertes à

(1) Voir *Peinture.*

tenir le pinceau, le crayon devient un puissant instrument d'interprétation, ses ressources, un peu restreintes, se multiplient, se condensent, en quelque sorte, pour arriver à des effets inespérés de fermeté, de force, d'harmonie, et — qualité plus rare encore — de style.

Maître peintre, quand la folle du logis le pousse à en prendre la peine et que ses amis lui en laissent le loisir, M. ACH. BILLOT (1) expose depuis dix ans des mines de plomb, des fusains, des estompes fort goûtés des connaisseurs. Le musée de Lons-le-Saunier possède de lui un adorable dessin acheté par l'État au Salon de 1872 : *Sainte Geneviève puisant l'eau miraculeuse qui doit guérir sa mère de la cécité*. Avec le *Portrait de mon ami Diudiu* et celui de *M. Jules Grévy, président de la République* (appartenant à M^lle Alice Grévy), le zélé et sympathique directeur de notre école municipale de dessin continue aujourd'hui, sans déchoir, la série de ses envois précédents. Il a toujours autant d'élégance, de distinction, de finesse, de facilité, toujours le même faire habile et délicat. J'ai entendu lui reprocher un peu de mollesse ; que voulez-vous ? ces grincheux de critiques ne sont jamais contents, ou, du moins, croient de leur dignité de ne jamais le paraître : ils discutent, tranchent, décident, blâment à plaisir. Je n'adopte pas, pour moi, leurs terribles exigences, leurs exorbitantes prétentions, et je rends franchement hommage au talent de M. Billot.

Une mention élogieuse au *Portrait de M^me S....*, de M. SCHUFFENECKER (2), un débutant, mais un débutant engagé dans la bonne voie et résolu, semble-t-il, à ne pas rester en chemin.

M. DUVENT (3) manie le fusain avec adresse. Son *Portrait du docteur Donadieu* dénote une sûreté d'exécution, une recherche

(1) Voir *Peinture*.
(2) Schuffenecker (Claude-Émile), né à Fresne-S^t-Mamès (Haute-Saône), élève de M. F. Grellet.
(3) Duvent (Léandre), né à Vesoul, élève de MM. Cariage et Jeanneney.

du modelé, qui méritent de sincères encouragements. J'avais déjà remarqué, au Salon de 1876, le premier essai de cet artiste; je m'étais promis dès lors de suivre ses progrès : ils sont des plus sensibles et d'un excellent présage pour la suite.

Mes compliments à M. Jeanneney, qui forme des élèves comme M. Duvent et M. SAUNOIS (1). Si ce dernier est un nouveau venu aux Expositions des Champs-Élysées, il y a désormais sa place retenue. Le faire en même temps sobre et moëlleux , l'entente du trait, qui caractérisent le *Portrait de l'auteur*, annoncent autre chose que des dispositions communes. Il s'agit maintenant de les développer et de les mettre largement à profit.

Le contingent artistique de notre province s'augmente d'une autre recrue. M. PROGIN (2) fait, cette année, son entrée au Salon, en qualité de paysagiste. *Les environs de Saint-Raphaël (Var)* lui ont fourni le motif d'une belle étude au fusain. Le site est bien choisi et bien rendu, la facture a de la dextérité. Joli ciel. J'aime moins les eaux : elles manquent de transparence. Néanmoins, M. Progin me paraît, lui aussi, appelé à de rapides succès.

La classification du livret amène pour la seconde fois sous ma plume le nom de M. POINTELIN (3). J'ai essayé déjà, je ne dis pas de porter un jugement — le mot serait présomptueux de ma part, — mais d'émettre mes impressions sur ce peintre; impressions jetées à la diable, incomplètes, mal et méchamment formulées, aucun amour-propre ne m'empêche d'en convenir. Ici, il me faut encore déplorer mon insuffisance à donner une idée juste du pastel intitulé *Le bord de l'eau* et des neuf aquarelles trop modestement qualifiées d'*Études*. Qu'on ne voie pas dans cet aveu une banale précaution oratoire : je songe peu à la rhétorique pour le quart-d'heure; je cherche plutôt à excuser mon inexpérience en une matière que la longue pratique de toutes les manifestations

---

(1) Saunois (Alexandre), né à Vesoul, élève de MM. Cariage et Jeanneney.
(2) Progin (Henri-Lucien), né à Champagnole.
(3) Voir *Peinture*.

de l'art permet seule de traiter avec compétence et autorité. Je ne suis, malheureusement, ni professeur de peinture, ni expert aux ventes de l'hôtel Drouot, ni salonnier patenté; simple curieux je suis, simple amateur je reste, et, comme j'ai eu soin de le dire dès le début, mon unique ambition, en rédigeant ces notes, est qu'on veuille bien leur reconnaître, à défaut d'autre mérite, celui de la bonne foi et de la sincérité. Ma confession est faite, je reviens à M. Pointelin. Pour lui le *pastel* n'a pas de secret. Dieu sait cependant quelle initiation exige la manœuvre des crayons de couleur! Autant avoir à employer la poussière d'ailes de papillon, ou le duvet de la pêche et de la rose. Le procédé est déjà par lui-même un écueil. De plus, si le goût, l'expression et un accent propre ne président pas à la mise en œuvre de la composition au point de rehausser le rendu, on ne produit qu'un assemblage de teintes, correct peut-être, mais à coup sûr médiocre. Or, la médiocrité, tolérable à la rigueur en peinture et en sculpture, ne se supporte pas dans ces genres secondaires. M. Pointelin n'a point à redouter un tel reproche. *Les bois blancs* étaient, de l'avis de tous, le plus beau pastel du dernier Salon; *Le bord de l'eau* ne leur est guère inférieur. Selon l'habitude de l'éminent artiste, le motif ne présente aucune complication et peut se décrire brièvement. Le long du ruisseau, un sentier côtoie la prairie, à l'ombre des trembles, des saules et des peupliers. Il est moins facile de dépeindre l'harmonie, la sérénité, la poésie, le charme pénétrant de ce paysage tout imprégné de fraîcheur. Joignez-y une coloration exquise, un style et une manière très personnels, et encore vous aurez à peine un aperçu de l'original. — Comme aquarelliste, M. Pointelin est de l'école qui prend aujourd'hui à tâche de ramener cet art si fin, si prime-sautier, d'une si libre franchise, aux saines traditions d'où « les Fortunistes » l'ont quelque peu fait sortir. Au moyen de grattages, de retours, d'empâtements, de *ficelles* de toute sorte, ces virtuoses de l'habileté technique obtiennent parfois un éclat, un relief, une clarté de tons que je suis loin de contester. Mais, à force de torturer le procédé, ils dénaturent le genre; à force de

raffinements, ils en viennent.à demander à l'aquarelle ce que la
peinture à l'huile peut seule donner. On passait cette prétention
à l'immense talent de Fortuny : ses disciples n'ont pas à bénéfi-
cier de la même circonstance atténuante ; chez eux, l'exagération
des défauts du maître, sans l'héritage de ses merveilleux dons,
aboutit à un système contre lequel il importe de réagir. M. Pointelin mène, pour sa part, une vigoureuse campagne en ce sens.
Dans ses *Études* de paysage, empruntées au Jura et à la Côte-
d'Or, il fournit à la fois la leçon et l'exemple. Au lieu de vio-
lenter l'aquarelle, il tend à la régénérer, à lui faire retrouver la
vraie voie dont elle s'est écartée, à lui restituer enfin son privi-
lège d'inspiration plus improvisée, plus intime, d'exécution plus
vive, plus spontanée, plus incisive que la peinture à l'huile. Il
se charge d'enseigner le rendu de la première impression, la
touche prompte et légère, la douceur et la transparence des
tons alliées à une fermeté, à une énergie sans papillotage ni faux
clinquant. Ces qualités ont pour complément le cachet personnel
qui marque toutes les œuvres de notre compatriote, à quelque
genre qu'elles appartiennent.

La grande faïence de M. H. DES AYVELLES (1) — *Eliézer et
Rebecca,* d'après le Poussin du Louvre, — est un habile spécimen
de décoration céramique. L'opulence du coloris y rachète quelques imperfections de dessin. Les amateurs ont à prendre bonne
note de ce débutant.

M<sup>lle</sup> PERRONNE (2) avait aux Salons de 1877 et de 1878 deux fins
et agréables portraits sur porcelaine. Cette année, sa réduction
d'un tableau de Lehmann, *Le repos,* ne me séduit pas autant ;
le dessin a de la précision, mais la tonalité est molle, affadie et
trop uniformément fondue. La jeune artiste est douée et outillée
pour faire mieux. J'attends d'elle une prochaine revanche.

(1) Ayvelles (Hedwige des), né à Gray, élève de M<sup>lle</sup> Marest.
(2) Perronne (M<sup>lle</sup> Laure), née à Baume-les-Dames, élève de M. Dessart
et de M<sup>me</sup> Thoret.

De tout temps, les blanches mains féminines se sont exercées avec succès à l'art délicat de la miniature. M^lle ALLEX (1) se garde bien de déroger à la règle. Le *Portrait de M^lle M. B.* annonce du goût, de l'adresse et de la facilité. Mes félicitations à la nouvelle exposante.

Encore un talent inédit, que M^lle GUYARD (2), mais un talent déjà sûr de lui-même et en pleine possession de ses moyens. J'ignore si c'est par coquetterie ou timidité qu'elle a attendu jusqu'à ce jour d'affronter le public parisien ; elle n'avait cependant pas à craindre cette épreuve. Ses trois petits *Portraits* de femme, sur émail, sont ravissants ; sa porcelaine, d'après *La danse des Amours*, de l'Albane, respecte scrupuleusement le modèle, et, malgré d'inévitables atténuations, reproduit presque la couleur suave et harmonieuse du maître bolonais. M^lle Guyard fait une brillante entrée dans l'arène où elle hésitait à descendre ; du premier coup, elle révèle une science de l'exécution, une pureté de style, une maturité de manière qui s'imposeront bientôt à l'attention du jury.

## III.

## SCULPTURE.

MM. Clésinger, Iselin, Gauthier, Becquet, Chambard, Perrey, Claudet, Lançon, Laurent, Détrier, Baudelot, Viennet, M^me Weyl, M^lle Le Bouvier.

Il n'est pas, en sculpture, un genre de sujets que n'ait abordé, plus ou moins victorieusement, le talent souple et fécond de M. Clésinger (3). Personnages mythologiques et héroïnes païennes : *Persée, Diane, Faunes, Bacchantes, Néréides, Enlèvement d'Europe, Délivrance d'Andromède, Enlèvement de Déjanire, Léda, Ariane, Sapho, Hélène, Phèdre, Phryné, Cléopâtre,*

---

(1) Allex (M^lle Maria), née aux Rousses (Jura), élève de M^me Leguay.

(2) Guyard (M^lle Alice), née à Amange (Jura).

(3) Clésinger (Jean-Baptiste-Auguste), né à Besançon ; médailles 3e classe 1846, 2e classe 1847, 1re classe 1848 ; chevalier de la Légion d'honneur 1849, officier de cet ordre 1864. Hors concours.

*Lucrèce, Cornélie;* — allégories : la *Tragédie,* l'*Automne,* le *Sommeil,* la *Mélancolie,* la *Liberté,* la *Fraternité,* la *Danse,* la *Poésie lyrique,* la *Poésie tragique,* la *France,* la *République;* — figures de genre et de fantaisie : la *Femme piquée par un serpent,* la *Danseuse aux castagnettes,* la *Danseuse à l'écharpe,* la *Danseuse aux cymbales,* la *Danseuse au tambourin,* la *Femme à la rose, Femme d'Ischia, Zingara, Albanaise;* — sujets religieux : la *Pietà, Le dernier regard* et *Le dernier soupir de l'Homme-Dieu, Le Christ mort;* — statues équestres : *François I^er, Napoléon I^er, S. M. François-Joseph, empereur d'Autriche;* — portraits en pied : *Louise de Savoie, Marie de Médicis, Georges Sand;* — bustes historiques : *César, Judith, Jeanne d'Arc, Charlotte Corday, Le roi Jérôme;* — portraits en buste : *Pie IX, Napoléon III, Le prince Napoléon, Rachel, Ledru-Rollin, Théophile Gautier, Pierre Dupont, Les enfants du marquis de las Marismas, Arsène Houssaye, M^me Rattazzi, M^me de Beaufort,* etc., etc.; — animaux : le *Combat de taureaux, Taureaux romains, La chouette et la tortue;* — monuments funéraires : le *Tombeau de Frédéric Soulié,* au Père-Lachaise; — groupes, statues colossales et de grandeur naturelle, bustes, statuettes; pierre, marbre, bronze, métal polychrome, terre-cuite : M. Clésinger a épuisé tous les sujets, toutes les dimensions, toutes les matières. Son œuvre est immense, sans parler de ses excursions en peinture qui ajoutent à l'avoir du sculpteur quelques intéressants spécimens de figure et de paysage. Dès 1864, About voyait en lui « le plus vivant et le plus vigoureux peut-être de tous les artistes de notre époque, » et complétait son appréciation en ces termes : « C'est un rude homme, quoi qu'on dise, et quoiqu'il se trompe presque à tout coup. S'il suffisait d'un tempérament prodigieux, d'une ambition titanesque et d'une indomptable activité pour atteindre au sommet, M. Clésinger serait le Michel-Ange de la France. Que lui a-t-il manqué? Un goût plus sûr et un savoir plus solide. La nature a fait en sa faveur tout ce qu'elle pouvait; c'est peut-être une couche d'éducation classique qui manque. Entre les vrais maîtres et lui, la nuance, peu sensible au gros public, est celle qui distingue un grand artiste du Théâtre-Français, Got, par exemple, ou Bressant, ou Régnier, de M. Mélingue. Il est le Mélingue de sa spécialité : un éminent artiste du boulevard (1). » Théophile Gautier le proclamait, quelques années plus tard, « un sculpteur de race, d'une nature originale et puissante, d'une fertilité inépuisable, d'une fougue étonnante d'exécution (2). » Quelle que soit ma respectueuse admiration pour le célèbre statuaire, j'ai bien peur que la postérité ne ratifie pas complètement ces éloges. Michel-Ange ! On ne prononce pas un pareil nom à la légère. Qui donc, de nos jours, ose se vanter d'éveiller l'idée même d'une comparaison avec le divin Buonarrotti? Qui donc a reçu en legs la hardiesse de conception, le style grandiose, la majesté idéale, la fougue, la science, le génie multiple du géant qui a sculpté le *Moïse* et le *Tombeau des Médicis*, peint le *Jugement dernier*, et construit la *Coupole de Saint-Pierre ?* M. Clésinger n'a certes pas cette prétention ; de complaisants amis ne doivent point l'avoir pour lui. Son lot est assez enviable sans cela. Il ne peut pas, à la vérité, dire comme Puget : « Les marbres tremblent quand ils me sentent approcher ; » mais, du moins, il continue glorieusement les traditions des Clodion, des Canova et des Pradier, avec une verve propre et un accent à part. A leur exemple, il a le sentiment de la vie, le rhythme de la forme, le culte de la beauté, il anime, il échauffe le marbre, il fait frémir et palpiter la chair. C'est le maître, avant tout, des élégances et des séductions. Nul n'interprète d'un ciseau plus amoureux ce que Théophile Gautier appelle « le beau poème » du corps féminin. Laissant à d'autres la froide convention académique, il conserve à ses gentils modèles la coquetterie, la grâce, la passion, l'expansion de vie, et au besoin la désinvolture de la réalité. M. Clésinger, en effet, est, dans toute la force et la meilleure acception du mot, un réaliste, ou, selon le nouveau vocable, un *naturaliste*. Il a même fortement contribué, si je ne me trompe, à l'évolution

(1) About, *Salon de 1864* (Hachette), pages 18-19.
(2) *Catalogue de la vente Clésinger* (5 juin 1868), préface, page 6.

que les sculpteurs, après les peintres, opèrent aujourd'hui dans cette voie. Bref, il croit à un art émancipé des vieilles traditions classiques, à un art moins solennel, mais moins immobile, moins engourdi, plus vivant. L'expression libre de la vérité ne l'effraie point; il la poursuit, au contraire, et la traduit audacieusement, servi à souhait par un brio d'exécution extraordinaire. Que l'agrément voluptueux de ses *Bacchantes* ou de ses *Danseuses* soit un peu sensuel; que ses nudités aient parfois un tour provocant et frisent l'impudeur; qu'il matérialise la chair au détriment de la pure beauté plastique; que ses figures soient plus tourmentées que mouvementées; que, chez lui, l'habileté de la main-d'œuvre ne compense qu'imparfaitement la pauvreté de l'inspiration, l'absence d'idée neuve, de signification morale, de vrai sentiment esthétique; que le caractère, l'élévation, la force, l'ampleur, la sûreté de goût ne constituent pas ses qualités maîtresses; qu'il ait des inégalités, des sursauts, des défaillances; qu'il n'échappe pas toujours au maniérisme, à l'afféterie et à la vulgarité; que, dans son besoin de production incessante, il sacrifie souvent à la sculpture industrielle, à la statuette d'étagère ou de cheminée; que son improvisation hâtive et sa facilité surmenée ignorent la tension soutenue, l'effort persévérant, le long et patient labeur que semble exiger la statuaire; qu'il soit loisible, jusqu'à un certain point, de lui adresser le reproche que Préault faisait jadis à Pradier : « Il a peuplé de pendules gracieuses et de statuettes élégantes les boudoirs de nos Aspasies et les petites maisons de nos Turcarets. Il partait tous les matins pour Athènes et le soir arrivait rue de Bréda (1); » je ne veux pas y contredire. Mais, en somme, malgré ses insuccès et ses défauts, cette organisation souple, féconde, ardente, laissera une vive trace dans l'art contemporain, entre Pradier et Carpeaux. — M. Clésinger expose deux terres-cuites : une allégorie et un buste. *La Comédie d'Alfred de Musset* est une piquante jeune femme assise, une jambe négligemment jetée sur l'autre, le corsage entr'ouvert, la tête couronnée de fleurs, la main droite

(1) Théophile Silvestre, *Histoire des artistes vivants*, page 284.

tenant le masque comique, l'autre appuyée sur le giron. Jolie pose dans son laisser-aller, draperies finement ajustées, exécution soigneuse. On désirerait seulement que, tout en ayant autant de grâce, cette charmante Muse eût plus de style et de sérieux. Elle personnifie plutôt « le proverbe » que « la comédie. » Serait-ce là une critique à l'endroit d'Alfred de Musset? Si telle a été la pensée de l'auteur, il faut avouer qu'il l'a spirituellement traduite, quitte à soulever bien des protestations. — *Portrait de M^{me} C...*, une de ces troublantes beautés que M. Clésinger excelle à rendre; la nature prise au vif, sans affectation, sans apprêt. Le visage s'illumine d'un demi-sourire, les torsades de cheveux amassées sur la tête ont des ondulations folâtres, les vêtements accusent d'adorables chairs. Admirez cette enchanteresse, mais surtout admirez le ciseau capable de la faire ainsi revivre.

Le *Claude Bernard* de M. Iselin (1) occupe une place d'honneur; il la mérite : c'est un des bustes les plus remarquables du Salon. L'illustre physiologiste semble méditer l'éclaircissement du protoplasma ou une nouvelle application de la méthode expérimentale. Cette tenue simple et haute de la tête, ce front imposant où se reflète la pensée, ces yeux profonds, ces joues légèrement amaigries par les veilles, cette physionomie calme, réfléchie, sévère, sont empreints à la fois de noblesse, d'expression et de vérité. M. Iselin a vu largement son modèle, et il l'a rendu avec autant de sincérité que de style. Il n'affiche ni prétention ni apparat; mais comme sa consciencieuse fidélité d'imitation sait éviter la banalité et la mesquinerie! Ce marbre, de si fière tournure, va perpétuer, au Musée historique de Versailles, le souvenir d'une des gloires de la science française. — Pourquoi l'auteur du *Jeune Romain*, de *L'Observation*, du *Génie du feu*, de *L'Élégance*, etc., se restreint-il de plus en plus au portrait, au buste?

(1) Iselin (Henri-Frédéric), né à Clairegoutte (Haute-Saône), élève de Rude: médailles 3e classe 1852 et 1855 (Exposition universelle); rappel 1857; médaille 2e classe 1861; rappel 1863; chevalier de la Légion d'honneur 1863; médaille Exposition universelle de Vienne 1873. Hors concours.

Si expert qu'il s'y montre, il doit ambitionner d'autres lauriers ;
il est de taille à les cueillir. Chaque année, on attend de lui, non
sans une exigeante curiosité, quelque morceau capital, frappé
au coin d'un talent mûr et puissant.... Le Salon de 1880 donnera
peut-être satisfaction à cette légitime impatience.

M. Gauthier (1) reste fidèle à la grande statuaire. Ne lui de-
mandez pas de concessions aux tendances futiles — quand elles
ne sont pas énervantes et malsaines — qui poussent la jeune
école à l'aventure, dans des sentiers inexplorés jusqu'ici. Il estime avec Diderot que « le marbre ne rit pas ; » pour lui, comme
pour Préault, « la sculpture est une apothéose » qui ne se ra-
vale point à des sujets indignes d'elle. Jamais il n'a transigé sur
le but élevé de son art ; il le comprend, il le poursuit à la façon
des Jean Goujon, des Germain Pilon, des Puget, des Girardon,
des Coysevox, des Coustou, des Bouchardon, des Pigalle. Des
uns, il a appris la mâle simplicité, l'aisance majestueuse ; des
autres, le goût décoratif, l'appropriation de l'œuvre au milieu,
sa convenance à la destination. La volonté tenace, l'inspiration
mûrie, le travail obstiné servent ce vigoureux esprit. Il justifie
ce qu'on a dit de la sculpture : « Elle suppose un enthousiasme
plus opiniâtre et plus profond que la peinture, plus de cette
verve forte et tranquille en apparence, plus de ce feu couvert et
secret qui bout au dedans. C'est une Muse violente, mais silen-
cieuse et cachée (2). » Soucieux de perfection, d'idéal, M. Gauthier possède, en dehors de rares qualités de métier et de facture,
l'entente de la composition, l'unité de l'ensemble, l'équilibre et
la correction des lignes, la délicatesse des formes, le jet élégant
des draperies. Ses statues, ses groupes, conçus dans une exacte
synthèse, n'ont pas, comme tant d'autres, le défaut essentiel
de n'être visibles que de face, et de présenter, sur les autres
côtés, des masses informes, des profils rompus, disgracieux, ou

(1) Gauthier (Charles), né à Chauvirey-le-Châtel (Haute-Saône), élève de
Jouffroy ; médailles 1865, 1866, 1869 ; chevalier de la Légion d'honneur
1872 ; médaille Exposition universelle de Vienne 1873. Hors concours.

(2) Diderot, *Salon de* 1765.

des accessoires insignifiants ; la proportion des parties, l'harmonie générale est telle qu'elle ne perd rien à de divers aspects. Au résumé, talent ferme, viril, ennemi du vulgaire et du convenu, quel qu'il soit, et alliant au sentiment antique une expression toute moderne. — Le haut style religieux dont M. Gauthier a fait preuve dans le *Saint Sébastien*, du Salon de 1866, distingue également son modèle en plâtre d'une statue à exécuter pour l'église d'Arcueil, *Notre-Dame d'humilité*. La Vierge, debout, sévèrement drapée, tisse « la sainte tunique » conservée, paraît-il, au trésor de cette église. Je n'ai pas à discuter l'authenticité de la relique ; je préfère louer l'originalité de bon aloi, le caractère chrétien, la sérénité céleste de la Mère de Dieu prêchant à nos belles dévotes l'exemple on ne peut plus recommandable des occupations utiles et de l'humble vie d'intérieur. Voilà de « l'art religieux » vraiment digne de ce nom. Il serait à souhaiter que les pieux industriels du quartier Saint-Sulpice eussent un peu plus de cet art-là en magasin. — Le *Portrait de M*<sup>me</sup> *B....* forme un contraste inattendu et piquant avec *Notre-Dame d'humilité*. En modelant un fin minois parisien, l'auteur a voulu se distraire un instant de l'austérité habituelle de ses inspirations. Il a traduit d'une main souple, légère, la vivacité mutine, la coquetterie malicieuse d'un visage créé pour sourire et charmer. Entre nous, et au risque de me déjuger, j'applaudis à ces petites infidélités commises, de temps à autre, au préjudice de la grande sculpture ; elles nous valent de si jolies choses ! Aussi bien elles offrent à M. Gauthier le double avantage d'un délassement opportun et d'un stimulant à de nouveaux efforts dans la voie où notre honorable compatriote s'est déjà signalé par plus d'une production magistrale : *Agar dans le désert* (Salon de 1865), *Saint Sébastien* (1866), *Un jeune braconnier* (1869), *Andromède* (1873), *La France triomphante à l'Exposition de Vienne* (1876), *Charlemagne* (1877), *Perfidie* (1878), sans oublier l'*Éloquence* du Pavillon Marsan, les cariatides de l'Hôtel Carnavalet, et certaine *Cléopâtre* tenue en réserve pour le prochain Salon.

M. Becquet (1) a consacré tout son temps, cette année, à la statue que la ville de Montbéliard vient d'ériger au brave défenseur de Belfort, au colonel Denfert-Rochereau. Il n'expose que deux bustes d'enfant et de fillette : *Mademoiselle Bébé* et *Nounou*. Ces terres-cuites sont gracieuses, spirituelles, et d'une habile exécution; elles ne pèchent que par leur peu d'importance. J'admets bien que M. Becquet ait été très occupé et que lui-même considère son envoi uniquement comme une carte de visite obligatoire, comme une pure formalité de politesse envers le public; cependant, si on l'excuse pour cette fois, on ne lui pardonnerait point une récidive. Le public est un tyran; il ne se contentera pas, à l'avenir, d'un simple acte de présence de la part d'un artiste accoutumé à faire plus et mieux : témoin le *Faune jouant avec une panthère* (Salon de 1857), commande du Gouvernement, la *Bonne femme de Franche-Comté* (1865), au Musée de Besançon, le *Vendangeur* (1869), le buste de *Victor Cousin* (1872), à l'École normale, le *R. P. Ducoudray* (1877), *Joseph* (1878), et surtout l'*Ismaël* (plâtre 1870, marbre 1877), acheté par l'État pour le Musée du Luxembourg.

Il y a quarante-deux ans que M. Chambard (2) remportait le grand prix de Rome avec un *Marius à Carthage* célèbre; il y en a quarante qu'une cruelle fatalité s'acharne contre lui. L'éclat de son premier succès le condamnait, à vingt-six ans, aux chefs-d'œuvre à perpétuité : le moyen de ne pas faillir à la tâche? Il y a succombé, et, de par le *Marius* de Chambard, il est resté le Chambard du *Marius*. On lui doit nombre de statues et de groupes d'un mérite réel : *Bacchus* (Salon de 1842), *Oreste* (1844), *Aspasie* (1847), *Rouget de Lisle* (1849), *Stratonice, Salmacis* (1852), *Bacchante, L'Inspiration* (1859), *La Modestie, Aristide*

(1) Becquet (Just), né à Besançon, élève de Rude; médailles 1869 et 1870; médailles 1re classe 1877, 2e classe 1878 (Exposition universelle); chevalier de la Légion d'honneur 1878. Hors concours.

(2) Chambard (Louis-Léopold), né à St-Amour (Jura), élève de David d'Angers et de Ingres; prix de Rome 1837; médaille 2e classe 1842. Hors concours.

(1861), *Mercure* (1866), *Adam et Ève après le péché* (1867), *Argus endormi par Mercure, L'Amour aiguisant ses flèches* (1870), *La première pose* (1875), *L'union fait la force* (1878), etc.; n'importe, l'ombre du *Marius* se dresse toujours, jalouse, implacable, attestant le passé et invoquant la priorité de ses droits. Toujours le *Marius;* le *Marius* seul est beau, le *Marius* seul est aimable; vous n'en feriez pas démordre qui que ce fût. Depuis tantôt un demi-siècle, M. Chambard subit héroïquement l'injustice de la destinée; s'il se venge, c'est en gardant à son art une constante foi. — Que reprocher au *Jeune Napolitain accordant sa mandoline?* Il n'a peut-être pas toute l'élégance, toute la distinction de type désirable; mais quelle vérité dans cette tête insouciante et railleuse, quelle juste proportion dans ces formes consciencieusement étudiées, quelle précision dans le dessin et le modelé! Le bas du torse, les cuisses et les jambes, en particulier, sont rendus de main de maître. Ici encore, pourtant, M. Chambard n'évite point sa malchance ordinaire : il arrive après le *Chanteur florentin* de Dubois; c'est, malheureusement, arriver trop tard.

M. PERREY (1) s'en tient au *Jeune chevrier* qui figurait à l'Exposition universelle et qu'on peut admirer maintenant au jardin du Luxembourg. Je ne parle pas — et pour cause — de sa *Loyauté* du dernier Salon. Le livret ne mentionne de lui qu'un buste en bronze, le *Portrait de M. H.* On dirait un Anaxagore ou un Socrate : coupe de figure, barbe, cheveux, rien ne manque à la ressemblance. M. Perrey a profondément fouillé la tête de ce philosophe grec se réveillant, par les avatars de la métempsycose, au milieu du Paris contemporain; elle est vivante et expressive. Toutefois, je répéterai ce que j'écrivais à propos de M. Becquet : le public a des exigences despotiques; un buste ne lui suffit pas; il attend davantage de ses artistes favoris.

MAX CLAUDET (2). *Enfant pincé par une écrevisse.* — On de-

---

(1) Perrey (Aimé-Napoléon), né à Dambelin (Doubs); médaille 3ᵉ classe 1852; rappel 1861; médaille 1868. Hors concours.

(2) Né à Salins, élève de Perraud et de Jouffroy.

vine ce qui s'est passé. Sans se soucier du garde champêtre, l'enfant a mis blouse, pantalon·et chemise bas pour pêcher dans le ruisseau. Il vient de prendre une grosse écrevisse. Enchanté de sa capture, il a regagné la rive, et, une fois assis sur le gazon, il s'est amusé à taquiner la prisonnière. Celle-ci, piquée au jeu, et trouvant à sa portée un pied nu, sans défense, y cramponne deux pinces aiguës, et serre si fort que le petit pêcheur gueule comme un sourd, tout en tâchant de faire lâcher prise à la bête. M. Claudet a parfaitement interprété cette idylle. On y retrouve sa sincérité habituelle, son respect scrupuleux de la nature, sa naïveté originale, sa dextérité d'ébauchoir. Si la structure du bonhomme accuse un modèle aux formes communes, pauvres, ingrates, l'attitude, en revanche, a une grande vérité et un mouvement assez heureux. Le torse, les bras, les jambes, sont d'une excellente facture. J'en aurais long à dire sur le compte d'un sculpteur si hardiment réaliste et si franchement individuel ; mais je suis à court de place : je m'aperçois que j'ai déjà trop cédé à l'entraînement du sujet, les pages s'amoncèlent d'une manière inquiétante, et ces notes risquent de devenir un volume. J'abrège donc, quitte à étudier plus complètement, l'année prochaine, l'auteur de tant d'œuvres intéressantes : *Le pêcheur d'écrevisses* (1863), *Le vendangeur* (1864), *Vercingétorix* (1865), *Caïn*, *Le colporteur* (1868), *Jeune fille tricotant* (1869), *Jeune homme jouant avec un serpent* (1870), *Robespierre*, *Enfant à la fontaine* (1872), *Faune et Satyre*, *Enfant jouant avec un oiseau* (1873), *Vigneron du Jura faisant des échalas*, *Retour du marché* (1874), *Le petit gourmand*, *L'épée de la France* (1875), *Le jour de la fête de saint Jean-Baptiste*, *La mère Lantimèche* (1876), *Hoche enfant* (1877), *M*^me *Roland* (1878), etc.

La *Lionne d'Égypte* et le *Lion d'Arabie*, de M. Lançon (1), ont l'allure superbe. La majesté sculpturale que j'ai constatée chez ses *Lions* en peinture est ici pleinement réalisée. Ces fauves habitants des sables sont traduits avec une fougue, une puissance,

(1) Voir *Peinture et Dessins*.

une vérité surprenantes. M. Lançon est le digne continuateur de Barye et l'émule des Caïn, des Jacquemard, des Frémiet, des Mène, des Isidore Bonheur, des Rouillard. Théophile Gautier, vivant, l'associerait, à coup sûr, aux éloges qu'il décernait au plus illustre animalier de notre époque : « M. Barye ne traite pas les bêtes au point de vue purement zoologique ; quand il fait un lion, un tigre, un ours, un éléphant, il ne se contente pas de mériter l'approbation de messieurs les professeurs du Jardin des Plantes. Quoiqu'il soit exact et vrai au plus haut degré, il sait que la reproduction de la nature ne constitue pas l'art ; il agrandit, il simplifie, il idéalise les animaux et leur donne du style ; il a une façon fière, énergique et rude, qui en fait comme le Michel-Ange de la ménagerie. Le premier il a osé, chez nous, décoiffer les lions de cette perruque à la Louis XIV dont les statuaires les affublaient, et qui leur prêtait une vague ressemblance avec Racine ou Boileau ; il leur a ôté de dessous la griffe cette grosse boule de marbre si ridicule, et les a représentés grommelants, hérissés, incultes, secouant leur crinière échevelée, et tenant en arrêt sous leur ongle d'airain un serpent gonflé de poison, ou bien encore tirant de leur profonde poitrine ce rugissement sourd, ce tonnerre caverneux qui arrête l'antilope au bord de la source et fait pâlir l'Arabe du désert sur son cheval aux jambes rapides ; il a trouvé la beauté particulière de chacun de ces tyrans de la montagne, de la forêt et de la plaine, dont les formes rivalisent de perfection avec celles de l'homme ; et maintenant la fable de La Fontaine n'aurait plus de motif de dire :

Si les lions savaient sculpter ;

les lions peuvent s'en rapporter à M. Barye (1). »

Je m'empresse de réparer l'erreur que j'ai commise au début de cette étude en inscrivant M. LAURENT (2) parmi les sculpteurs franc-comtois déserteurs du Salon. Il y figure avec un charmant *Portrait de jeune fille*. La gentille enfant, le sourire aux lèvres,

(1) Théophile Gautier, *Les beaux arts en Europe*, 1855 (librairie Michel Lévy), tome II, pages 180-181.

(2) Laurent (Eugène), né à Gray, élève de Duret et de M. Coiffehot.

presse contre sa poitrine une brassée de fleurs fraîches et jolies comme elle. Ce motif sort de la banalité ordinaire des bustes et accentue — la tête et les bras surtout — la souplesse d'exécution qu'on remarquait déjà dans les précédents portraits de M. Laurent, ainsi que dans sa statue de *Jacques Callot,* commandée par la ville de Nancy (1874), et dans le *Hamlet* exposé en 1876.

A part un peu de prétention et une joue gauche légèrement déprimée, *Le caprice* de M. Détrier (1) rappelle la sûreté et la vigueur de ciseau des artistes de la Renaissance. Avouerai-je, cependant, que j'ai « le caprice » de regretter la *Tête d'étude de vieillard* (1869), *Ulysse reconnu par Pénélope* (1870), la touchante statuette de l'*Alsace* (1873), *L'Innocence et l'Amitié* (1875), le gracieux petit groupe de *Bonne mère* (1876), et *Bernard de Jussieu* (1878)?

Jusqu'à présent, je ne connais de M. Baudelot (2) que des bustes et des médaillons. Le jeune et laborieux élève de l'École des Beaux-Arts ne veut pas aborder prématurément la statue et le groupe. Par le temps qui court de présomptueux essais et de productions hâtives en matière d'art, cette réserve, cette défiance de soi-même fait honneur au pensionnaire du Conseil général du Jura. Cependant, il lui est désormais permis d'avoir de plus hautes visées. N'a-t-il pas obtenu une médaille, il y a quelques semaines, au concours d'esquisse de ronde bosse, ouvert à l'École (3)? Ses deux fins portraits de femme, du Salon, l'autorisent à de plus importantes tentatives.

M. Viennet (4) nous présente le *Portrait de M^{me} M.*, un pur profil grec. Ce médaillon de marbre est d'un bon modelé et d'une habile facture; je n'y relève qu'un défaut : l'aplatissement exagéré du crâne. Le bas-relief de *La présentation* (Salon de 1878)

(1) Détrier (Pierre-Louis), né à Vougécourt (Haute-Saône), élève de M. Guayrard.

(2) Baudelot (Maxime), né à Dole, élève de MM. Jouffroy et Millet.

(3) Tout récemment, M. Baudelot a mérité une mention honorable au concours de fin d'année de l'École des Beaux-Arts.

(4) Viennet (Jules), né à Arbois, élève de MM. Dumont et Claudet.

et surtout la statue de *La vieille grand'mère* (1876) donnent au public le droit de se montrer difficile à l'endroit de M. Viennet.

Le *Portrait de M^lle C. L.*, de M^me WEYL (1), manque également de crâne ; à cela près, il est parfait d'arrangement, d'expression et d'exécution. Les bustes d'homme, de jeunes filles, d'enfant et de matelot, que l'auteur a exposés en 1876, 1877 et 1878, nous ont déjà habitués à ces qualités.

Sous le titre de *Regrets et souvenirs*, M^lle LE BOUVIER (2) avait au dernier Salon un groupe plein d'élégance, de poésie et de sentiment. Aujourd'hui, deux gracieuses statuettes appellent de nouveau l'attention sur elle et témoignent de son heureux talent. — *Le rêve*. Il n'y a pas besoin d'avoir feuilleté Alfred de Musset pour savoir à quoi rêvent les fillettes de seize ans, quand elles s'endorment sur leur chaise en ravaudant les chaussettes paternelles, ou en lisant un de ces romans dont la mère peut sans danger permettre la lecture à sa fille : leurs rêves ont toujours plus ou moins de moustaches. Ici, maître Cupidon en personne, prenant la place du cousin blond évoqué par la belle dormeuse, vient voltiger à ses côtés et lui murmurer à l'oreille de doux propos d'amour. Le polisson va faire encore une victime. Réveille-toi vite, naïve enfant ! — *La bouquetière* doit compter les clients par centaines ; elle est si appétissante à l'œil, elle vous offre ses fleurs d'un geste si engageant, qu'on ne saurait rien lui refuser. — La tête de l'Amour et celle de la bouquetière ont bien quelque chose d'un peu contourné, mais l'ingéniosité du motif, le naturel de la pose, l'harmonie de l'ensemble, la souplesse des draperies, la verve de la facture, compensent amplement cette menue imperfection et justifient sous tous rapports le succès qu'ont rencontré auprès des amateurs les deux figurines de M^lle Le Bouvier.

(1) Weyl (M^me Émile), née à Lure (Haute-Saône), élève de M^me Léon Bertaux.

(2) Le Bouvier (M^lle Eugénie), née à Besançon.

## IV.

## GRAVURE ET LITHOGRAPHIE.

### MM. Vernier, Lançon, M<sup>lles</sup> Berger et Perronne.

Il serait banal de complimenter M. Vernier (1) de son *Angelus,* d'après Millet; en vain épuiserais-je tout le répertoire des épithètes laudatives, je n'apprendrais rien de nouveau sur le premier lithographe de notre époque. Je ne puis pourtant m'empêcher d'admirer, chez lui, la conscience de l'interprétation, la légèreté du crayon, le moëlleux du trait, le charme subtil du rendu. Qu'il s'agisse des toiles de Corot, Courbet, Millet, Daubigny, Diaz, Th. et Ph. Rousseau, Jules Dupré, Jules Breton, Flahaut, Didier, Ch. Jacques, Lambert, ou de celles de Decamps, Meissonier, Bonnat, Henner, Tassaert, Stevens, Roybet, Ribot, Chaplin, Mérino, Brion, Sain, etc., M. Vernier les traduit tour à tour avec une prodigieuse habileté de procédé et une incomparable variété de sentiment; il s'assimile si bien les intentions et la manière de chaque maître, qu'à l'aide des seules ressources de la lithographie, il parvient à donner l'exacte impression de l'original.

C'est la quatrième fois que le nom de M. Lançon (2) apparaît dans ces notes. J'ai déjà parlé du peintre, du dessinateur et du sculpteur; reste le graveur hors concours, qui n'a vraiment que faire de mes éloges; ses eaux-fortes de *La troisième invasion,* ses planches de l'*Art,* des *Beaux-Arts illustrés,* du *Musée artistique,* de l'*Illustration,* des albums annuels publiés par la maison Cadart, etc., plaident plus éloquemment en sa faveur que toutes les phrases du monde. Deux mots seulement des douze gravures qu'il soumet aujourd'hui au public : *Trappistes, Lion,* et diverses *Scènes du siège de Paris,* destinées à une édition nouvelle de « La troisième invasion. » Le talent vigoureux et original de M. Lançon s'y affirme hardiment. La franchise de l'inspiration,

(1) Voir *Peinture.*
(2) Voir *Peinture, Dessins, Sculpture.*

l'expression pathétique du sujet, la vérité saisissante des scènes, le mouvement des groupes, le caractère des individualités, recommandent de plus en plus cette pointe sûre, alerte, qui fouille le cuivre avec une âpreté incisive, bien qu'exempte de dureté. La pensée est à la hauteur de l'exécution chez cet artiste doublé d'un patriote. Ses eaux-fortes de la guerre de 1870-1871 stigmatiseront d'un commentaire vengeur, dans les siècles futurs, les dernières pages de l'histoire de l'Empire, écrites avec le sang de la France.

La gravure sur bois de M^lle BERGER (1), *Les mendiants,* d'après Rembrandt, et la lithographie de M^lle PERRONNE (2), *Porte d'une maison de la rue Saint-Aubin, à Châteaudun,* méritent une mention honorable que je leur décerne volontiers, en attendant mieux.

<h2 style="text-align:center">V.</h2>

<h3 style="text-align:center">ARCHITECTURE.</h3>

M. PERRONNE.

MM. les architectes franc-comtois ont la déplorable habitude de briller au Salon par leur absence; depuis 1875, si je ne me trompe, aucun d'eux n'a été inscrit au livret. Votons-leur un blâme sévère. Un pareil système d'abstention aurait à la fin un résultat fâcheux; il donnerait à penser que la province où sont nés les Briseux, les Attiret, les Nicole, les Pâris, ne tient plus aujourd'hui, dans cette spécialité, le même rang que dans les autres branches artistiques. M. PERRONNE (3) a eu à cœur de protester contre une supposition si gratuite; rompant avec le parti pris de ses collègues, il expose plusieurs châssis qui, ma foi, font très bonne figure parmi les autres travaux d'architectes. Puisse son exemple trouver désormais beaucoup d'imitateurs!

(1) Berger (M^lle Clémentine), née à Arc (Haute-Saône), élève de M. A. Prunaire.

(2) Perronne (M^lle Léonie), née à Baume-les-Dames, élève de M. X. Cointe.

(3) Perronne (Édouard-Lucien), né à Baume-les-Dames, élève de Lequeux.

# TABLE